獨坐聽風

季羨林的精神世界

于青 著

广西师范大学出版社

·桂林·

独坐听风：季羡林的精神世界
DUZUO TINGFENG：JI XIANLIN DE JINGSHEN SHIJIE

出版统筹：多　马
策　　划：多　马
责任编辑：吴义红
助理编辑：杨广恩
产品经理：杨广恩
题　　字：张　军
书籍设计：鲁明静
篆　　刻：张泽南
责任技编：伍先林

图书在版编目（CIP）数据

独坐听风：季羡林的精神世界 / 于青著. --桂林：广西师范大学出版社，2022.4
　ISBN 978-7-5598-4751-5

Ⅰ. ①独… Ⅱ. ①于… Ⅲ. ①季羡林（1911-2009）—人物研究②季羡林（1911-2009）—文学研究 Ⅳ. ①K825.4②I206.7

中国版本图书馆 CIP 数据核字（2022）第 025683 号

广西师范大学出版社出版发行

（广西桂林市五里店路 9 号　邮政编码：541004）
网址：http://www.bbtpress.com
出版人：黄轩庄
全国新华书店经销
湛江南华印务有限公司印刷
（广东省湛江市霞山区绿塘路 61 号　邮政编码：524002）
开本：880 mm × 1 230 mm　1/32
印张：6.25　　插页：10　字数：125 千
2022 年 4 月第 1 版　　2022 年 4 月第 1 次印刷
印数：0 001~8 000 册　定价：68.00 元
如发现印装质量问题，影响阅读，请与出版社发行部门联系调换。

作者和季老在一起

与季老一起开会

与季老一起开会

与季老及国家图书奖评委们

与季老工作中

作者采访季先生

季老与作者女儿

作者与季老

与原新闻出版总署时任副署长阎晓宏看望季老

代序　鲁殿灵光，高山仰止

从来也没有想过，我会写一本季羡林先生的传记。就是在现在，当我在进行了几年的学术宫殿的徜徉与漫步，尤其是在同先生有了十几年的近距离的接触，不，应该说是零距离的学习后，我仍不敢相信，我会不自量力地来写这样一本传记。当然，这已经是1998年的事情了。在当时，这也是我所知道的第一本季羡林先生的传记。现在，受出版者的委托，又重新修订了这本传记。

高山仰止。

读季羡林先生的文和见季羡林先生的人，每每跳到我眼前的，就是这样自然的四个字。以前，没有见过季羡林，仅是听起季羡林先生的名字，心中就油然而生一种崇敬心情，因为知道他是东方文化的学者，是一代鸿儒。后来，有了幸运的机会，能够和季先生近距离接触，又有幸成为季羡林先生的晚辈朋友，这种崇敬之情更是有增无减。当然,那时并没有产生过要叙写季先生传记的想法,因为我知道,虽和季先生同为山东人,先生却是鲁殿灵光,高不可攀。而实际与季先生接近起来,他又是那样的温良厚朴,平易近人。

季先生的感人的形象第一次深深印在我的脑海里的,是20世纪90年代初期第一届国家图书奖评奖的时候。季先生是文学组的负责人,我是工作人员,为评委们服务。那一年的工作很紧张,评委们只能将就着在小饭店里吃饭。吃饭的时候,只见季先生在拥挤的座位里举手向我"请示",我忙问什么事情,季先生微笑着说:"可不可以喝一杯啤酒?"我们所有的人都被先生的幽默和纯朴给逗笑了。那一年,季先生已是82岁的高龄了,但他给我们的印象却是那样的健康、幽默、平易近人,几天的紧张工作下来,他已成为我们全体工作人员的老朋友。他自己也常说,非常愿意和我们年轻人交朋友。而我们这些工作人员,见到季先生如此平易近人,和蔼可亲,便一有空就往季先生的屋子里钻,与先生聊天、照相,没完没了,其乐融融。没有几天,先生就把我们工作人员的名字都记熟了,还知道了我们每一个人的爱好和特点。当先生得知我在工作之余还坚持写作时,就要我送他一本自己写的书,并鼓励我最好再读一个博士。我当然不好意思把自己的雕虫小技拿去打扰先生。但事隔两年,到第二届图书奖评奖时,季先生见了我,第一句话就是问我要那本小书。此时,季先生已成了我们的大朋友,我们有什么话甚至各个学科的疑难问题,都愿意找季先生解答。经常的场景是这样的，我们在季先生的房间里盘腿坐在地上，而季先生笑眯眯地坐在床上，我们就像是季先生的弟子一样围坐在那里，听先生给我们讲一些名人逸事。虽然先生年长我们许多，是我们的祖父辈，但我们却丝毫没有感觉到岁月的隔阂，先生的思维方式非常年轻和活跃。季先生对我们工作人员也熟稔如一家人，经常会问我们："怎么没有见到小 Y 呢？"

后来，是在写先生的传记的时候，我才了解到，先生与我们一起工作和交往的这几年，正是他的个人生活最为痛苦的几年。他先后失去了自己亲爱的女儿和老伴，但我们却丝毫没有感觉到先生精神上的沉郁和悲观，他热情地参加所有的社会工作，健朗地与年轻人交往。他继续在学术的田野里耕耘，同时也写出了充满深情的怀念亲人的文章。他是把悲伤留给了自己，在深夜里独自咀嚼。当知道这些事情的时候，再回头看那个时候的季羡林先生，便更觉得先生如同超人，既具有强大的抑制力，又情感深沉、慈悲为怀。

先生的知识是渊博的，学问是深厚的，与先生在一起工作的日子，是我们精神生活最为丰富的日子。面对全国几年来出版的精美的图书，我们经常围坐在先生的身边，听他给我们解答各种疑问。从美术、历史，到考古、文学，季先生就像一部百科全书一样，总能使我们的各种疑问和难点一一得到解答。我们从中得到的教益，尤其是一些珍贵的史料性的佳话，茹古涵今，都是在书本上所不能得到的。而同时，与先生在一起的日子，也是我们在心情上最放松的日子。在先生面前，我们就像又回到了学生时代，我们面前总有一个耐心的老师为我们亲切地解答各种疑难问题,而且,这位老师又是那样的慈祥、善良和幽默。

后来,应家乡一家出版社的邀请,约我写一本季羡林先生的传记。凭着一股热情和对季先生的崇敬心情,我不假思索地应承下来。但当我稍微浏览了先生的学术宫殿后,我有点想退却了。高山仰止,这是我唯一的感叹。我认为,我只能在这座巨大的学术宫殿门前流连忘返敬而仰之,却没有走进去的勇气和能力。我去见先生,对他说,是不是我没有能力来完成这样一个重要的任务。先生却笑了。他平和地对我说,你是作家,作家写传记不是从学术的角度。先生只一句话,便给了我莫大的勇气。是的,我想,写先生的传记,无论如何我是没有资格和能力的。因为我不具备写先生的学术基础和能力。但先生的人格魅力却是应该写出来的。他所代表的一代知识分子的精神风貌是值得我们年轻一代永远学习和敬仰的。就先生的学术成就来说,是我几生几世也无法企及的,但先生的精神境界和人格魅力,却可以使我获取许多人生的要义。换一句话说,虽然我面前的这座学术宫殿使不才如我辈叹为观止,但我可以把徜徉其间的体会和心得,用笔墨描摹出来,这对我是一种精神鼓励,也是我对先生崇敬之心的一种表达。

只有这样想,我才有勇气坚持写下来,才有勇气去做完一件力所不能及的事情。传记虽然写完了,但离把先生的宏伟业绩、雍容大雅记录下来还差很远很远。自然,在写作当中,我自己也经历了一个精神淬炼的过程。先生那种对事业的一丝不苟,对人生风雨的淡然若定，对国事家事的厚朴、豁达，都在不知不觉中影响着我的精神世界。尤其是在写作中途，我因电脑操作失误丢失了一章，心中很沮丧。先生得知后，对我说："不要着急，慢慢来。"在写作时，有过一次与先生一起开会的机会。那时季先生刚刚做了眼疾手术，身体十分虚弱。他应我的请求，每天早晨5点半开始接受我的采访。因为他白天实在太忙了，先生要主持全国文学图书的评奖，我要忙会务，我便采取了先生坚持了一生的工作方式，闻鸡起舞。每天早晨我去接先生到楼下边散步边采访时，先生都早已端坐在那里，桌上摆着整齐的稿纸和放大镜，他已经工作了两个小时了。这种早晨随着太阳的升起而工作的方式先生坚持了一生，就是他住进医院进行疾病治疗，他还是坚持这样的治学习惯，这也是他一生著作等身的原因之一。这种治学的态度和精神，成为我坚持写下去的动力，甚至也成了我业余时间不辍笔的一种精神楷模。写先生的传记一本，却带给我终生的治学和做人的财富。

从认识季羡林先生起，我们每年都会坚持去看望先生，他的人格的魅力就像磁铁一样在吸引着你，使你从中获得许多人生的力量。先生成为我们大家共同的精神上的智慧之灯。最近几年，先生因为身体不好，已经住进医院几年了。但在住院治疗期间，他却始终坚持写作，并保持着乐观的精神状态。他的记忆力和思考能力丝毫没有减退，对过去的事情仍旧惦记在心上。每次我们去看望先生，他总是惦记着与他一起工作的年轻的同志，就连我们的孩子们，他也能一一叫出名字。尽管随着岁月的流逝，10年过去了，我们从青年进入了中年，我们已经不再年轻，先生也已经是 95 岁的高寿了，但先生的精神却仍旧那样健朗，谈话之间仍旧保持着他固有的幽默和平实。他总是那样微笑而又平静地听着你说，偶尔说的一句话，却又让你觉得他正在认真地思考着你的话题。

2005 年的春天，我们中的一位同志在梦中梦到与季先生聊天，而且聊得非常痛快。他便有些担心，连忙打电话去问讯先生的身体状况。先生笑着说，他这几天正在惦记着我们呢。他说今年是双年，搞出版的那些同志又该忙了，因为双年是进行国家图书奖评奖的年份。他的助手，热情的李老师向我们转达季先生的惦记时，我们听了感动至极。先生的心始终是与我们连在一起的。国家图书奖仅是先生的社会事务之一，但对这件事情先生却非常上心，比我们这些身在其中的工作人员还要挂念在心，这是怎样的一种拳拳之心啊。我觉得先生确实做到了做人的最高境界，是一个高尚的人，一个纯粹的人，一个脱离了低级趣味的人，一个有益于人民的人。

我觉得，因写这一本传记而接近了先生是幸运的；因写完了这本传记而了解了先生伟大而又平凡的一生又是获益匪浅的。先生给我的精神上的力量和教益使我一生也受用不尽。每次与先生见面回来，我都能感觉到一种精神的富足和平定，缭乱的人生在瞬间便都能平静下来，人在这个时候便觉得特别清醒，知道自己在这短暂的人生中到底需要的是什么，应该做的是什么。我也明白了，何以季羡林先生能够九旬高寿仍然精神爽健，笔耕不辍。静水流深，沉静人生，先生的精神世界，永远是平静和高洁。东方文化能够延续几千年而至今魅力不衰，正是由于有了这样一代代弘扬东方文化精髓的优秀的知识分子。

我为有机会为季先生做一次人生和学术的记录而感到幸运，而我写的小书，只能算是我学习先生学术成就、精神品格、人生历程的一点个人的心得。按照出版者的初衷，将先生的人生辉煌以平实的语言记录下来，用以张扬先生的治学精神，传播一代鸿儒的雍容大雅。语言的表达是有限的，但先生在学术生涯中所达到的至高的学术境界却是无限的。以有限写无限，德薄能鲜。本书的写作，得到季羡林先生、商金林先生、李玉洁老师的支持，承他们向我提供宝贵的资料和照片，尤其是李玉洁老师，知道我在修订季先生的传记，便热情提供了第一手的资料和图片，在此一并表示感谢。本书的年表还参阅了李铮先生的季羡林学术年表及其他学者的纪念文章，也谨致谢意。

修订于 2005 年 6 月

目 录

天意高难问 /001

一、思念 /001

二、大仁 /006

三、心语 /010

四、天意 /023

空谷足音 /027

楔子 /027

一、赋得永久的悔 /033

二、寂寞的青春 /053

三、学海泛舟 /071

四、不刻意而高 /095

纵浪大化中 /118

 一、写景 /123

 二、抒情与记事 /131

 三、富有哲理的散文 /139

 四、学者的幽默 /143

高山仰止 /157

季羡林先生大事记 /174

参考书目 /191

后记 /193

天意高难问
——怀念季先生

一、思念

季羡林先生去世 10 周年之际，熟悉季先生的友人都对我说，应该再写点文字，因为没有人能像你这样近距离地接触季先生，了解季先生，熟悉季先生。

此话不虚。季先生去世的那一年，正是我从因工作而认识季先生的工作岗位上调离的一年，与季先生的工作联系连同季先生的去世戛然而止。与季先生相识整整 15 年，15 年中没有一年不见季先生，或者说 15 年期间年年与季先生见面交流，几乎没有中断过。

季先生去世已经 10 年了。10 年间，我虽然答应了出版社，再版修订《季羡林传》，却迟迟没有交稿。静水流深，我喜欢这个词，对亲人、对敬爱之人是要用心来怀念的，而不是泛泛而谈的文字。这 10 年间，无数次在梦中与季先生交谈，季先生还是那样不温不火地静听着周围人的高谈阔论，并不多言。留在我印象中的季先生，就是这样安静地听别人讲话，虽然我们之间有很多交谈。10

年后的今天，尘埃落定，我觉得怀念季先生的文字可以写出来了，于是，修订了季先生的传记。那本传记1998年问世的时候，我还从来没有见过一本其他版本的《季羡林传》。而这本传记是得到季先生的支持，并从他那里获得了第一手资料的。

20世纪末，我和季先生在国家图书奖的评奖工作中相遇，从此，每次国家图书奖评奖我都是季先生的联络员。不评奖的日子里，又因为编书写书出版书不断地与季先生联系，以至于在我供职的工作单位，有关季先生的所有联络工作都是通过我来联系和落实。

认识季先生的时候，正是季先生失去老伴、失去女儿，也与自己的儿子不相往来的时候。除了一个小阿姨在他身边，就是他心爱的猫们，还有一直在他身边做联络工作的、他的秘书李玉洁老师。我们直接或者间接地也替季先生以及李玉洁老师办一些对外联系的事情。而我因为与季先生同是山东人，就荣幸地成为季先生的"小老乡"。我有了女儿后，女儿便成了季先生的"小公主"，这是季先生给女儿的称号。季先生，已经成为我们大家的季先生，成为我的亲人。季先生留学德国10年，许多生活习惯还有留学的影子，比如他爱吃起司。我每次出国也给他带回国外的起司，虽然很少一点儿，但因为怕被海关查，总是提心吊胆，可每当看到他很惊喜的样子，便从心里感到高兴。所以，每次去北大朗润园看望季先生的时候，我也都要去西点店挑一些他爱吃的各种酥软的小西点。看望季先生的社会贤达之人很多，他们带给季先生很多高大上的礼物，名贵花草花卉，高级营养补品，唯独没有这些生活中最普通的食物。

季先生喜欢吃烤鸭，有一年春节我和我先生一起去朗润园，请季先生以及经常给他送好吃的的邻居乐黛云、汤一介夫妇。乐黛云、汤一介夫妇是季先生的邻居，两家是世交。季先生刚到北大时，汤一介的父亲汤用彤当北大文学院院长，他大胆启用还是青年的季羡林，做副教授还不到一个月，就让季羡林成为北大最年轻的一级教授。汤一介夫妇住在季先生隔壁，两家经常互相登门拜访。乐黛云教授汤煲得很好，也经常给季先生送她煲的鸡汤等。季先生最爱吃乐黛云教授做的红菜汤，那是一种牛肉和西红柿酱混合味道的汤汁。季先生住院期间，乐教授也经常煲好一锅他爱喝的红菜汤送到医院去，我们在季先生家里也见过乐教授给他送汤。所以，大年初一，就请乐黛云夫妇一起去北大南门的烤鸭店吃烤鸭。

季先生对吃烤鸭很有感觉。后来认识了季先生的孙女季清，她也回忆说爷爷喜欢吃烤鸭，每次全家聚都是吃烤鸭。我们请季先生吃烤鸭很有意思，都是要两套，吃一套带走一套。看到季先生大开胃口，我们一起去的人都很高兴，这个时候季先生也很幽默，经常给我们讲一些留学时期生活中的趣事。可以看出，季先生的留学生活仍旧在意识深处影响着他的生活。

回忆与季先生在一起的日子，幸运而又感佩。尽管从年纪上，我们与季先生属于祖孙辈的关系，但这并不影响我们与季先生像朋友般的相处。尤其是当我们一起工作时，也就是参加国家图书奖评奖期间，作为工作人员的我们大都是年轻人，季先生特别喜欢与我们聊天。经常是晚上吃完饭后，年轻的联络员们都跑到了季先生的房间，大家聚在一起，没有那么多椅子，就干脆席地而坐，挤在一起听季先生讲古。

讲古的时候也讲他的奇闻逸事。一些他在文章中写到的段子我们都知道所指是谁。比如讲人老了容易话多，某教授一上台讲话就有老师起身回家做饭，常常是回家做饭的老师做完饭回来了，大教授还在台子上面讲。季先生说的这个教授就是北师大的某位民俗学老专家。还有一个他称之为老兄的学者，在《牛棚日记》里提到，他不知是怎么想的，用草纸写毛主席语录，后果可想而知。这个我们也知道是与他关系很好的一位国学老教授，属于国内首屈一指的古籍专家，也是我们评奖专家委员会的主任委员。国家图书奖的专家委员会都是国内一流的学者，像季羡林、任继愈、王朝闻、靳尚宜、常沙娜、卢良恕、王乐等等，这些专家都像季先生一样属于主任专家，他们也都很敬重季先生，见了他，都愿意跟他讨论学术问题。听这些学术泰斗讨论学术真是一场精神大餐，一些史料方面的问题也让我们大开眼界。专家们不但学术水平高，政治评鉴也很高。曾经有一本国外整理的关于国外收藏的敦煌佛典和经书的书，常沙娜等老专家就坚决不同意该书获奖，说这些都是强盗们的赃物。

专家们学术水平都很高，但我们却都喜欢往季先生的房间里跑。季先生给我们讲的段子逗得我们哈哈大笑，但他却并不笑，总是严肃地讲着他的笑话。后来,与季先生走动勤了,我们就像家人一样了,对他就如同自家长辈一样地爱戴。每年春节,我们第一要看望的人就是季先生。

季先生在同仁医院做眼睛手术时,我们一起去看望季先生,那时季先生的一只眼睛已经做完手术,还要再等另一只眼睛做手术,陪同他做手术的李玉洁老师就给他念报纸。季先生一听我们去了,很高兴地笑了,季先生一般都是不苟言笑的。我们就不停地给季先生讲出版的事情,讲又该进行的下一届评奖活动。虽然季先生的社会头衔和社会活动有很多,在国内外享有很高的社会声望,但可以看出,他对国家图书奖的评奖工作非常重视,也非常愿意为国家图书奖做工作。国家图书奖每两年评选一次,季先生都是初评终评的评委会主任,是文学组的主任。他对出版信息很关注,这也与他不时被出版社要求供稿有关。所以,每次见到季先生,他除了问询出版奖的有关情况,还对出版信息很关心。我曾经受出版社委托,编一本季先生与文化名人交往的文集,季先生很爽快地接受了这一邀请,并且还主动写了一篇序言,把我的特点也写进去了。他对我的总结比我的领导还要到位,还要准确,真让我心生感激。此时,我们对季先生的感情已经升华为对长辈的依赖,生活中工作中有什么苦恼,也都会去找季先生倾诉。

有一次,我在职场受到了误解和委屈,去季先生那里找安慰。我问季先生,是否也遇到过生活中的不平,怎么处理。季先生没有马上回答我,他说话总是思考以后再说。过一会儿,他对我说:

"清者自清，浊者自浊，清浊而不，何乐而不为。"说完并没有过多地解释，只是说了两个字：正常。但却如醍醐灌顶，令我茅塞顿开：只要你自己没有做错什么，任何人的误解都无所谓，越解释越不清楚。而此时，评奖办公室确实也收到过一封信，反映、批评季先生的秘书李玉洁不顾家庭，只为季先生服务。我看了这封信，心里很难过，季先生的为人如此高洁尚有人戚戚，更何况我们这些微不足道的普通人。我见了季先生和李玉洁老师也从未提过此事，他们也淡然处之，事情就这样也无风雨也无晴地过去了，这让我懂得，生活中，无聊的事情应让它随风而逝。

二、大仁

季先生的朋友很多，尤其是年轻的朋友。这大概与季先生的生活状态有关。我们认识季先生，是在1991年前后，那个时候，是季先生的家庭发生重大变故的时期。他的女儿、太太、老祖，都相继离世。而他唯一的儿子季承，又因为家庭矛盾与季先生断掉联系。季先生与他儿子之间的矛盾，我们从与季先生相识以来就知道，清官难判家务事，对这个问题我们从来不问，季先生更是不提。但我们还是能看到季先生感情的落寞。当然，季先生的感情生活并不代表他的精神生活，季先生的精神世界永远是丰盛的，也是充实的。他有众多的大小朋友，也无论职位高低。面对一个素不相识的书商,他都能亲自出门表示答谢,把没有见过这种世面的书商也吓跑了。其实,书商从季先生那里赚到的钱真不少,但季先生却从不提稿费的事情,因为他都不经手,从这些生活小节上都可以看出季先生大仁大慈的胸怀和高洁的精神世界。

也正是因为季先生本身的仁厚,年轻人都特别愿意接触他,特别愿意与他交谈,我们从季先生那里听到了许多有趣的故事,有时,季先生也会跟我们开玩笑。有一次,大家在开会之余去唱卡拉OK,年轻人去季先生的房间邀请他,季先生就说,我唱歌就是一条人命。此话怎么讲?季先生慢慢给我们讲了一个故事:从前有一人,特别爱唱戏,但没有人爱听,他便拉着路人,给路人一块大洋,请路人听他唱戏。他才唱了几句,路人就把大洋塞回唱戏人手里,说,你还不如杀了我,杀了我我也不听了。可见这戏没法听。季先生说,他就是这一条人命的水平。我们听了自然哈哈大笑起来,这个笑话让我们记忆犹新,至今想起来仍觉得季先生太幽默了。

季先生的仁厚多有口碑。在他的传记中,就有此类记载。他在学校门口被新生截住,被认为是看门的,让他帮看行李。季先生也并不说破,就老老实实地站在大太阳底下给学生看行李,而此时他已是北大的副校长。后来是在开学典礼上学生才认出,给他看行李的是北大副校长。

由于季先生的仁慈,他的访客很多。他家住在一楼,你随时都可以敲门进去,实在很耽误季先生的工作和生活。于是,学校便在他居住的朗润园宿舍门口上贴了条子,上面写道:为了保证季先生的生活和健康,希望来访者访问不要超过15分钟。但实际上,凡是到季先生家访问,大都超过一个小时。他基本上有求必应,有的时候也极容易被一些人利用。随着季先生散文的出版,季先生的书很受市场欢迎,有些书商就利用他的随和而随便出书,书名乱改,也不征求季先生的意见,出书了也不给稿酬,还偷偷加印,等等。李玉洁老师经常让我帮助解决此类问题。我每次去见季先生,都是听着李老师激动气愤地说着,而季先生却在一边沉默不语,倒好像与他无关。季先生从来没有为这些事情找过我,他只问过我一次,是不是他的书不让出版。我回答从未听说,过去没有,现在也没有。

季先生不断被媒体打扰,被采访,被出席,确实都是被动的。他从来都是默默地答应着社会对他提出的各项要求和任务,却也在默默坚持着自己的写作,在写作这个问题上他从未有过懈怠。我采访季先生的时候也都是利用与他一起开会的时间,每天早晨陪季先生散步,与他对话,记录他的感想。那时年轻贪玩,晚上睡得晚,有时早晨起晚了去见季先生的时候,他说已经写完了一篇文章。他的文章就是这样在见缝插针中完成的。也只有在早晨这个世人都沉睡的时候,时间才真正是属于季先生自己的。而在世人们醒来的时候,他却始终被世人所打扰。对于那些荣誉,那些名利,季先生从来都是淡然处之;他对自己的待遇,对别人对自己的态度,也从来没有抱怨过。季先生真正是"结庐在人境,而无车马喧。问君何能尔，心远地自偏"。

季先生最初住 301 医院时，据说是不够条件进干部病房。李玉洁老师便找到我，问我是否认识 301 医院的人。我们是因为工作而结识了季先生，又因季先生的魅力而凝聚在他身边，季先生有困难，我们自然责无旁贷。我给总政新闻出版局的一位山东籍的大校打电话，请她帮忙。总政的老乡马上联系了总政老干部局，他们答应帮助解决。等季先生住进医院以后才发现，他本身就是副部级待遇，完全可以进 301 医院的干部病房。而季先生早已经忘记了他还曾经担任过副部级的北大副校长。从这件事情可以看出，季先生对自己的地位从未看重，他更在意的是是否能够满足那些提要求的人。自然不能全都满足。那几年，季先生的书出版得很多，也很杂，这都不是季先生自己所为，一部分是因为有人先斩后奏，更多的是因为他不愿意拒绝别人所造成的。

但是，季先生绝不是那种没有自己判断而泛爱的人。经常的情况是，季先生总是坐在自己的椅子上默默地听来访者的诉求，他从不打断来访者的话，也不会很快回答那些看上去有些琐碎的要求，比如题字、作序、出席会议、担任挂名主编等等。代替他应酬的，大都是李玉洁老师。实话说，季先生的一些社会活动，除了一些国家层面上的会议，比如国家图书奖之类是通过正常组织层面安排的，其他许多社会活动都是主办方通过自己的途径找上门的。只要找上门，季先生一般都不会拒绝，但不拒绝不代表他愿意去。

其实，从旁观者角度看，季先生晚年生活环境的热闹状态与他的性格截然相反,这是很矛盾的事情。秘书李玉洁老师是一个直率、热情、通达的人,有李老师在场,话题从不冷场,人脉也越聚越多。当然,通过李老师,我们也间接得知了许多季先生生活中有趣的事情。比如,季先生常年着一种深蓝色涤卡质地的中山装。这几乎成了季先生的标识,除了这套服装,其他款式的服装他一律不穿。但市面上这种涤卡布料已经没有卖的了,家人只好到乡下去买,最后是在季先生劳动过的南口买到了这种布料。

季先生平时用的刮胡刀也还是他留学德国时带回来的。李老师拿给我们看,季先生仔细到连刀片也是从德国带回来的。半个多世纪过去了,德国刀片锋利如新,刮胡刀也跟随着主人穿越凡俗世界,直到季先生最后在301医院的岁月里,也一直相随。

三、心语

季先生住进301医院后,我们见面的次数减少了,主要是考虑到季先生的身体,大家只是有事情的时候才去。季先生没有什么大病,因为年纪大,德高望重,医院出于爱护要他长期住院。他主要是皮肤过敏和哮喘,其实这两样病都与他养的猫有关。

季先生与猫的故事家喻户晓。我每次看见季先生家的猫,都感到它们可比季先生高冷多了,对来客多是冷漠地扫一眼,很不情愿地离开现场,仿佛是来访者占用了它的地盘。最淘气的是一只叫虎子的猫,也是季先生最疼爱的,它根本不顾来的是什么人,偏要跳到季先生身上黏着,以彰显它才是主人最宝贝的。季先生确实宝贝他的猫们。有一次我去季先生家,他正在写文章,一只大白猫就卧在他的桌面上,眼巴巴地盯着他的钢笔。季先生写作都是用钢笔。他跟我们讲过,有一次,可能是过于专注写文章,大白猫,也就是虎子不干了,它趁季先生不注意,抬腿就照稿纸上撒了一泡尿,季先生赶紧把尿甩掉,抢救了文章。我问季先生,那你打它吗?他笑着说,打它干吗?它是畜生,又没有犯错,错在我没有把稿子及时收起来。

每到晚上7点《新闻联播》的时间,猫们就集合在沙发前,它们听见《新闻联播》的音乐一响,就知道主人要在沙发上躺着听《新闻联播》。这时猫们就在季先生身上各自找到舒服的地盘,卧着躺着黏着,与他一起听《新闻联播》。有时《新闻联播》播完了,猫们舒服得还没有睡醒,季先生只得静静地保持姿势继续躺着。有时都躺得腿麻胳膊麻,季先生也不舍得惊醒猫们的美梦。

我去采访季先生的时候,曾经一起在季先生家门口的朗润园湖边散步,小猫就跟在我们后面,亦步亦趋,从不远离,可乖了。

季先生这样爱猫,自然就有些与猫有关的病,比如哮喘,比如皮炎。后来病情严重时就把猫与季先生隔离开,猫们就住在季先生的书房里。季先生住在医院也惦记着他的猫们,时不时找理由回来探望一下他的猫。但随着他的年纪越来越老,医院的医生和护士待他如同家人,他回家的次数便减少了。

到 301 医院看望季先生，手续很麻烦。每次不能进人太多，而且还要提前预约。李老师在的时候，我们进出比较频繁。后来换了杨老师，杨老师很严谨，严格遵守医院的规定，没有特殊理由一般外人很难见到季先生。这确实保障了季先生的休息。所幸我没有因此而受到影响，尤其是春节期间，每次安排春节期间季先生的接待名单，我们一家都是必在其列。

到 301 医院找季先生，房间很好辨识。一进病房的长廊，就会看到有一个房间的门口、窗台上、地板上堆满了各式名贵鲜花，不用说，是各界朋友来看望季先生时带来的。他们并不了解季先生，不知道他最害怕这些有花粉的鲜花，尤其是百合花，花粉会掉下来，这对季先生的皮肤和呼吸非常不利。所以，他们探望季先生带去的花，基本上就都放在走廊上。因此，不管季先生换哪一个病房，根据门口花的簇拥，就能判断出他的房间来。

季先生住院后，他并没有闲着，他的精神状态似乎更好了。也许是因为医生的精心治疗，也加上医护人员对季先生的由衷地尊敬，季先生在这一段时间里的写作速度似乎更快了，许多高质量的散文都出自病房里。有时，我去医院看望季先生，碰上季先生那里没有其他人员，我们就会漫谈一些话题，比如名声，比如讲不讲真话。季先生的话语很简洁，他声音不高，语速缓慢，还有比较重的山东临清口音，但他的话都很精彩，如：绝不讲假话，但真话不全说；不管你给我的帽子有多大，我若是不戴，多大都跟我无关；等等。当时光顾听了，觉得太精彩了，回家后才发现都没有记录下来。后来又发现，季先生讲的这些话，都是他深思熟虑后才说出来的。因为他对我们讲过的这些话题，都写成了一篇篇散文。也许，他是已经写成了文章后才对我们说起的。比如他的《绝不说假话，真话不全说》《辞国学大师》等很有分量的文章，都是曾经与我们交谈的话题。

社会上的一些人，看到季先生的声望越来越高，党和国家领导人也在节假日去探望季先生，便有些微词，认为季先生似乎过热了，他与上层的交往也过密。实际情况恰恰相反。季先生最不热衷交往，对名誉也处之泰然。因为他早在半个世纪前就获得了许多人在那个年纪所不能获得的荣誉，1956年，45岁，中科院社会科学部委员，北大最年轻的一级教授，等等。他是一个特别喜欢安静也享受安静的学者。

毫无疑问，季先生在301医院度过了他人生平静的最后岁月。医院生活是乏味的，但季先生把病室作为他的书房，有文章就写，有求字就书。医生护士对季先生关爱有加，季先生便向去看他的新闻出版总署领导提出买一些他的传记。领导把这个任务交给我，我一看书单，有些汗颜，书单上季先生推荐的正是我写的季先生画传。这本书也在香港出版过。我自知自己水平有限，虽然季先生给我提供了这么好的机会，几乎使我成为他的小朋友，但写季先生传记我始终认为自己只是画了皮毛而已，季先生的大家风范、学术贡献我写得很不够。因此，我从不将书送与身边的人。没想到季先生很认可这一本通俗易懂的小传。我的领导拿到书后才吃惊地说，原来这是你写的。

春节的时候,我带着被季先生称之为小公主的女儿去看望季先生。我们带给他山东的酥锅和酱包瓜。酥锅是托时任山东文艺出版社社长的路勇英专车送来的,季先生非常喜欢。那时还没有真空包装,一大砂锅酥锅吃不完,李玉洁老师便用食品袋分开包装,存在冰箱里慢慢吃。我女儿从小不爱说话,见到季先生也是很严肃地坐在他怀里,很像个认真的小学生,慢慢长大后,她也会趴在书桌上看季先生写字,季先生这个时候都很高兴,还把朋友从香港带给他的曲奇饼干留着给我女儿。

我们每次看望季先生,都惊叹于季先生的身体和精神,他直到生命的最后岁月,也在一直不断地写作。但我们也担心,毕竟,他已经是一位90多岁的老人了。来医院看望他的人有很多,但是,很少看到季先生的亲人。关于季先生的家事,季先生从来不提,我们也不问。他与儿子季承之间的感情曲折,也只有他们自己了解。但每逢佳节,我见季先生神情落寞,也总是在想,季先生是否在想念他的家人。

季先生住进301医院几年后,李玉洁老师突然脑梗,也住进了301医院。后来由杨睿接替李老师的工作。杨老师的管理比较严谨,也是为了季先生的身体健康,减少了他的社会交往。

我后来几次见到季先生,感觉他更不愿意说话了。虽然春节的时候我们也还在探望季先生的名单中,但越来越觉得季先生的精神不如从前。以前李老师是在医院全天候式地替季先生迎来送往,杨老师则有上下班的时间。这是可以理解的，毕竟杨老师还年轻，有自己的家需要照顾。但漫长的晚上时间，就只有护工和季先生在一起。对于一个耄耋老人，家人的陪伴恐怕是最需要的。这个时候，我们都在心里默默替季先生祈祷，希望他能够适应新的生活方式。不久，我调到了出版社工作，出差任务繁忙，较长时间没有去看望季先生。又后来，听到了季先生与儿子季承恢复父子关系的消息，父子一场，这样的结局皆大欢喜，我们也替季先生松了一口气。

季先生父子团聚，社会传闻很多，但相信季先生的感情生活得到了填补，至此，我没有再和他联系。但关于季先生的传闻不断。作为一个与季先生有过亲密交往的人，其中的曲折却也看不清楚。只能作为一个旁观者，静观其变。

2009年的夏天，有几天，无来由地总是梦到季先生。这在我们一帮同事之间是经常发生的事情。我的一位老领导也经常梦到季先生，他一梦到季先生，工作繁忙中也不忘提醒我，给季先生打个电话，问问身体怎样。经常是我给李老师打电话，李老师就在电话那头笑着说，又梦到季先生了吧。于是，两下皆欢。

这次梦到季先生，也仅是想想而已，觉得季先生已有儿子在身边，想来也没有什么大事。好像也无法与季先生取得联系，季先生的身边已经没有我们可以联系的人。李老师在医院，听说杨老师也回到学校了。

消息就是这样在突然中来临。

季先生走了。

一时间，顿感天际茫然一片。季先生不是亲人，已胜似亲人。心中伤痛的不仅是一个亲人的故去，而是始终觉得季先生有没有说出的话。悲伤至极，我和先生默默地在家悼念着季先生，在北大的季先生追思会上，也随着学生们的队伍，去给季先生献上我们最后的哀思。回来后，我和先生分别在我们的博客里记录了这一天的感想。两则博客文章特意摘录在此。文章里记录的，恰好是我们那段时间的美好的记忆，也有我们的挂念。

另一个季老

这些天，季老的仙逝总让我的眼里蒙上泪水。虽然白天仍旧还在为尘世忙碌着，但看着一些纪念文章都在想，其实人们不知道还有另一个季老存在着：他在晨曦中静坐，在病房里沉思，在尘世的喧嚣中冷眼旁观。

因为工作的关系，因为是老乡，我与季老有较多的接触。而今，当我写下这些文字的时候，在我的感知世界里，却只留下了一种深刻的记忆，那就是季老那双温凉的手。

每次我到301医院去看望季老，在经过寒暄后，我都是坐到季老的桌前，握着先生的手。他的手是温凉的，没有任何欲望的平静，就像他的表情。

我们每次去，都是经过秘书的联系和同意，无论是热情的李玉洁老师,还是端庄的杨睿老师,季老每次都是扬扬手,就在桌子后面坐着,听着我们与秘书之间的交谈,有时是公事,有时是闲聊,主题都是围绕着先生。先生是,你不开口问他,他绝不开口。我在交谈的时候注意着季老,会用手握着他的手,体会着他的心情。每次这样做,我都感觉到先生的内心是安静的,同时也是寂寞的。在他的病房门外,全是拜访者送的名贵花,你到病房去看望他根本不用记房号,只要看到门口都是盆栽的花,那就是他的房间。但是他却不能欣赏,因为花香的气味会使他犯哮喘。也是因为猫的掉毛,会引发他的哮喘,他才不得不放弃了养猫。尽管先生是当今中国的国学大师,是东方鸿儒,是一个有着很高社会名望的人,但此时此刻,在病房里,他就是一个普通的老人,一个寂寞的老人。

尽管如此,他还是很善解人意,并不去争辩社会上加给他的种种高帽。偶尔也会反抗一下,比如,他觉得"国学大师"的帽子有些沉重的时候。其实,在我看来,是不是国学大师不是凭量化的衡量,而是依精神的境界。季老的精神世界,我们无法企及,甚至无法参透,但读他平实而又有些小小幽默的文字,我觉得,在季老的精神领域里,他堪称一代大师。不仅是国学的,也是文学的,甚至更是哲学的。

是大师,肯定难免是寂寞的。但季老厚道,他绝对不是一个沽名钓誉的人,更不是一个桀骜嚣张的人,当外界给了他那样多荣誉的时候,当每次他的生日充满了世界上最多的祝福的时候，我猜想，他的内心一定是寂寞的。不然，为什么我们热闹着的时候，他总是安静地看着我们。当我们握着他的手时他也是安静地让我们爱护着。到不得已的时候，他会笑着自我嘲讽一下，说自己是世界上的第一大懒人，光吃不做。无论是李玉洁老师营造的热热闹闹，还是杨睿老师为保护他而制定的清规戒律，他都接受。个性既不膨胀，也不喧哗，他就是自己，始终保持着自己。但是，他并不去阻止别人的安排，这也是一种善意，不是为了迎合别人，而确实是不想让别人因为他的拒绝而不快。

在这个世界上，每个人都不是完美无缺的。有的人为了追求完美无缺而愈发显现出了虚伪。但是在我见到的名人中，季老是很少有的那种近乎完美的人。杜甫诗云："天意高难问，人情老易悲。"

一个完美而寂寞的老人。这是另一个季老。

草于 2009 年 7 月 15 日，为纪念季老而作

站在季羡林先生的灵堂里

子通

季老去世的第二天，北大设灵堂，供各界人士吊唁，是日下午，我与内子（于青）去了，门前已排起长长的队，不用

说,大家心情都很沉重,肃穆,我们把工作人员递来的小白花佩戴胸前,队列里氤氲着一片寒云般的哀思。

我与内子均不出身于北大,更不曾师从季先生,有些僭妄地说,大约可称为季先生的较年轻的朋友或熟人吧,承先生不弃,这些年一年都会有几次去看先生,倒也不是有什么学问要请教,或有什么要事要磋商,只是每次与他的助手——先是李玉洁后是杨睿联系,她们都说欢迎欢迎,季老想你们的"小公主"呢。这是指我们的小女儿,噫——此女何来一点"公主"尊贵的气象,大约是看我们过于珍爱而戏称之吧。

于是,我们一家三口就过去。我还记得301医院西区旧楼的那条长长的略显阴暗的过道,走来走去若干次,每次走过,我的心情就像是去探视一个自己的亲人,有种悯悯的义务感。老先生名满天下,即使住进门禁森严的医院,求见者也是奔走于途,病房常有贵宾到访,来意虽或各异,寒暄大致相同,在一个常常栖居于诗意境界营构美文的心灵里,或者总有一些难言的大寂寞吧。这寂寞便使他愿见一见像"小公主"这样天真未凿的孩童,和我们这样没有什么鸿猷大计的人。

以前是在他的朗润园的客厅,后来是在他的病房,我们坐下,随意地说些"闲言闲语",李玉洁则是"快人快语",老先生笃厚安详地笑着,不时用他浑沉的低音补充几句"逸语",又或者是"小公主"站在他面前咿咿呀呀背唐诗了:"九月九日忆山东兄弟——王维——独在异乡为异客,每逢佳节倍思亲——"老先生若有所思,赞许地不住点头,大家一阵喧笑,以资鼓励。老先生题赠新书时,决不以小"觑"她,也一笔不苟地写上她的名字。从老先生运笔时的心情看,他是发自内心地高兴的。我这时便想,对于这样一位老人,我们能做什么呢?虽然内子以老乡的身份,有时也送来一些他爱吃的山东"酥锅",或者特意挑选几色酥软的西点带来,但大概都不如这一场小小的精神宴乐吧。

有一次,竟也接触了"正事"了,老先生分明在生气,那是有一家出版社签约出他的一本散文集,瞒天过海地改了个书名,是他所不愿见到的。借用王蒙的话说吧,就是为了书大卖,自己赚钱,将先生推出去做"斗士"或"烈士",签约时一套,出书又一套,责任编辑还不认错,无理搅三分。老先生向来耳根软,好说话,老来头脑虽不糊涂,目力却日渐衰退,所谓"马善被人骑,人善被人欺",此辈遂大打"蒙"他的主意,实是欺人太甚。内子供职于出版管理机关,正好投诉于她,助手替他叙述,而老先生虽不言不语,脸上还是掩抑不住一种少见的愠怒,看得出他是如何在强忍不发。人们或常见先生外在的尊荣和辉煌,却不知他一直到晚年,还有如此难以忍受的委屈与损伤。

而现今,他总算摆脱,"纵浪大化中"了。我们的队列缓缓移动,也终于进入灵堂,一眼就看见了先生光风霁月般的巨幅照片,先生的笑容是我们所熟稔的:亲切,慈祥,朴厚,所着的蓝色中山装,已然具有标志性,是他那种"天下莫与之争"的朴素美的表达。我犹记得,有次在他家里,李玉洁女士还拿出先生的刮胡刀来给我们看,说是半个多世纪前,先生在德国留学时买的,至今还在用,先生当时淡然一笑,道:不是还没有坏吗?先生不喜奢华,节俭物用,绝非吝啬,以他的大智,岂能不知"甚爱必大费,厚藏必多亡"之理,他倾平生节省下来的财力购置的书籍、字画,不是都捐献了吗?坊间季先生谈人生的书多多,我以为留在纸上的,怕已是"言语道断"。从此再无直面先生感受他的心境的机会,这或真是我此刻所能感到的莫名的悲哀了。

队列缓缓移动间,已来到签到处,我援笔写下名字,正放下笔,忽然,感到队列里起了一点点骚动,似有人越过肃静如深夜的排队人群,径直往先生的巨像走过去,步履间挟着一股声势,断非寻常人等。总还有一点好奇心如我者,便不免侧身望去。但见一黑衣男子,身旁数人陪同,立定于先生像前,笔直,跪下,两手触地,尽力向外扩开,叩首。我之所以如此注视并略有惊异,一则是"吾生也晚",尚未见过有如此娴熟地依古制在亡者像前行大礼的,二则不知行礼者何许人也。恰好旁边有两个学生模样的人,悄声指着说:"他就是某某某。"我于是方恍然,这名字近来倒是颇为耳熟,乃时下一位"闻人"。

然而,问题就来了,我虽向来处事随便,偏好简放,紧随其后上去,只是鞠躬如仪,与前者"反差"太大,先生在天之灵不会责我不恭吗？也或者我可以稍稍迟疑之后，等下几位鞠躬者过去，我再上前，亦示"随大流"或为"大流"所裹卷之意？短暂的犹豫中，也想到前者乃是遐迩皆知的弟子，我则非也，似不必多虑。不过，据网上搜索家们称，似乎此君也并非"必行如此大礼者"，也就是季先生的一个学生罢了，听过季先生的课者，北大数十年间，何止成百上千！况且，世间又有"私淑弟子"之说，则不才如我者，似也可混迹其间，且对外发布一下的。前面这位弟子的举止，在这凛凛然的灵堂里，无形中画上了一条难以逾越的界限，一时间倒让我茫然了。

不过，也容不得多想，已轮到我上前了，便惯性地在先生像前立定，仍是深深一躬，道是：请先生再受我一礼吧。先生固然多有他人所加的各种煊赫头衔，我却一向敬先生是一位粹然儒者，若干年前，内子所写国内第一本《季羡林传》行将付梓，一时想不出恰如其分的书名，求助于我，我不揣浅陋，拟为"东方宏儒"，后来也为先生默许，先生以为称他为"儒者"，乃至学问宏博的儒者，并不过分。我至今还以为这较什么"大师""泰斗"为好。于此定位，我们读书人对先生抱有最高的尊敬。先生素来尚质抑淫，不事张扬，不居浮华，这一躬之礼，想必是可以接受的吧。

礼毕，出得门来，吊唁的队列依然蜿蜒着，闷热的天气中，看得出人们多么渴望一种使人静定的清凉。

四、天意

2019年7月11日是季羡林先生逝世10周年纪念日。10日，山东省临清市市委、市政府联合聊城大学季羡林学院开展系列纪念活动，举办"运河名城大讲堂季羡林事迹"讲座，拜谒季羡林憩园，参观季羡林故居，召开追思会。我参加了这一系列活动。其实，我内心最向往的是拜谒季羡林憩园。

先生在世的时候，面对先生，他就是他的世界。即使写作先生的传记出版了多种，我也没有到过先生的故乡临清。先生代表了一切，包括他的故乡。但随着先生的离去，我越来越想去一趟先生的故乡。虽然坊间已经有多本《季羡林传》问世，出版社也在先生去世后不久与我签订了修订再版合同，但我一再爽约，不肯动笔也实在不愿动笔，对季先生的怀念仿佛是心中的一块圣地，不愿意轻易去惊扰。

季先生去世10周年之际，突然在长达10年的怀念里醒悟过来，应该把最真实的季先生展现出来。我要去临清，看望季先生，看望季先生的故土。

临清是一个独特的城市。原以为是一个普通的山东中部小县，但去了才感知到她的历史渊源。这是一个古老的县城，一个在历史上有着独特贡献的小城。位于山东、河北两省交界处的临清，曾经借着大运河南北漕运之利快速崛起，明清时期达到鼎盛，有"富庶甲齐郡、繁华压两京，南有苏杭、北有临张"的说法。临清因为运河漕运的繁荣而兴盛,到了近代,也因运河漕运的没落而冷清下来,但历史上的辉煌却给了临清独特的文化营养。她独特的运河拐角的地理位置,使得她接受着来自南北交汇的文化哺育,这恰好也正如季羡林先生的一生经历,受中国传统文化的养育,受西方教育的熏陶,做奉献于世界的大文章、大学问。

汽车将我们带到了季羡林憩园门前。憩园的门框是水磨石制成,上面刻着书法家欧阳中石题写的白底金字"季羡林憩园",两边是黑底金字的对联:"集群贤大成学贯中外""承历代师表德合古今"。一条干净狭长的白色石板路迎接拜祭者,迎面是刻着"季羡林先生"的黑色石礅,季先生的汉白玉半身雕像安置于上方,季先生一如往常,向人们淳朴地微笑着,笑容安详、深沉。

雕像之后就是季先生和夫人之墓,三级台阶高,白色石刻围栏,黑色墓碑,后面是圆形的墓。我望着季先生的塑像久久不愿离去,那个沉静的老人是在里面吗?他的冰凉的双手会不会不再感到冰冷?参观季先生故居,在有着三座厢房的院落里,有枣树独立,有喜鹊掠过,我仿佛听到了季先生的一声叹息。这叹息实际上始终贯穿季先生的一生。季先生终于能与母亲在一起了。

季先生的散文《母与子》里面,记录了在这三间房屋里的女主人的形象:"干皱的面纹,眼睛因为流泪多了镶着红肿的边,嘴瘪了进去。"这是季先生的母亲,一个一直占据着季先生心房的唯一的女性。"一想到,我是在怎样的一个环境里遇到了这老妇人,便立刻知道,她不但现在霸占住我的心,而且要永远地霸占住了。"

季先生多次在文章中写道，有一次他听对面的邻居说，"你娘经常说：'早知道送出去回不来，我无论如何也不会放他走的！'"简短的一句话，透露出一个母亲对骨肉的彻骨连心的思念。可以想见，不知有多少个日夜，母亲眼望远方，期盼自己的儿子回来。不知有多少个春秋，风雨飘摇中，儿子思母的热泪在深夜里流淌。

我曾经问过季先生，当然，是在采访他的语境中，不然这种提问对季先生太残酷了。我说，季先生，您对母亲的感情像我们对母亲的感情一样，您虽然有与母亲的离别之苦，但毕竟您已经成了大学者，母亲地下有知，也会感到欣慰的。季先生听了，仅说了一句："我愿意拿今天的一切来换取与母亲在一起。"

不知道季先生生前来到这院落心中有几多惆怅。季先生真的不是一个"感时花溅泪，恨别鸟惊心"式的多愁善感之人，他的理性和自制力在他普通的家庭生活中可见一斑。他的遵循父母之命、媒妁之言的婚姻即使没有刻骨铭心的爱情，他也能平和地与妻子相敬如宾，白头到老。正如大家都了解的，季先生留学德国期间也有意中人，但他能理智地斩断情丝，果断回国。但季先生与母亲的感情却一直没有淡忘，甚至越来越重，成了季先生精神上最大的重负。从小与母亲的离别，几乎成为季先生感情世界最脆弱的一隅，这一击给季先生的情感世界带来极大影响，他只能从抒发对母亲的思念中获得安抚与解脱。可以说，对母亲的思念，成了季先生情感生活缺失的唯一的补偿。

站在院子里的枣树下我在想，追思代表世人的爱戴和纪念，但季先生真的不需要这些。这不是季先生想要的,也不是季先生喜欢的。季先生心中永远的痛,就是从这个院子起始的。他在这个院落里没有生活过几年,就离开了母亲,从此母子天各一方,成为季先生永久的悔。这是季先生终生难以开怀的一件事,这件事直接影响到季先生的学业、婚姻、家庭以及事业,在冥冥之中,季先生学术人生的一切动力,仿佛都来源于这个痛点。

"天意高难问,人情易老悲",季先生的一生,鸿儒硕学,遂成大业。但在他的精神世界里,却是百般滋味,五谷杂陈。否则,也不会成就他的散文世界。他在散文中记录下来他的精神世界,不遮掩,不辩护,磊磊落落地展示一个学者的精神财富,一个儿子的思母之情,一个普通学人的喜怒哀乐,其中的悔恨、立志、忍受、理智、明志……凡此种种,都证实了一个真理:天降大任于斯,必先苦其心志。季先生用自己感情世界的遗憾,为世人留下了丰富的精神遗产。

不刻意而高,无江湖而远。季先生的一生,平淡而丰富,季先生的精神,淡泊而高远。

空谷足音
——季羡林的精神世界

楔子

季先生仙逝已经10周年了。

因为工作关系,从1991年开始与季先生有联系,每年都要去季羡林先生家多次,每隔两年便与季先生一起参加全国图书奖评奖活动,季先生是专家组主任,我是工作人员,季先生的联络员。这种关系一直延续多年,直到季先生去世的前一年。

从一开始要写季先生的传记时,就得到了季先生本人的支持。最初写传记的时候,坊间还没有一本关于季先生的传记,唯一的资料来源就是季先生自己的文字,还有我对他的第一手资料的采访。幸运的是季先生满足我的一切要求,可以随时去他那里进行采访,只是我要上班,完全是利用业余时间和与季先生在一起工作的时间进行写作。由于个人的学术低浅,也由于对季先生高山仰止般的崇敬,第一本传记写得简略,但季先生还是认可的。毕竟是第一本。正如埃德加·斯诺在《红星照耀中国》的前言中所写的:"从字面上讲起来,这一本书是我写的,这是真的。可是从最实际主义的意义来讲,这些故事却是中国革命青年们所创造、所写下的。"可以说,《季羡林传》并不是我一个人写出来的,我只是把季先生一生的经历和学术成绩记录了下来,传记应该也必须是季先生自己写的。毕竟,传记里记录的都是季先生一生最真实的写照,至于季先生情感深处的东西,我能感知到,但不易表达出。

后来,尤其是季先生住进301医院后,他的社会声誉鹊起,一时间,大师的桂冠有很多,走近他的人也越来越多。尤其是党和国家领导人看望了他以后,被安排与季先生见面也显然是一种特殊待遇了。

与季先生相处久了,近20年的近距离接触,从单纯的崇敬到亲情般的敬爱,从仰视到亲近,使我对季先生有了一种比对伟大学者更近一层的亲切感。以至于在他住院的一段较长时间里,我每次去都像家人一样,给他带专门从山东买来的他爱吃的特产。每年春节他都会嘱咐秘书,专门约我和家人去医院,并嘱咐一定要带上我的女儿,他称之为"小公主"。每次他也都把别人从香港送给他的糕点给我女儿留着,他也最爱吃我带去的山东酥锅。在某种程度上,季先生是我们的长辈,我们也让女儿称他为"太爷爷"。

季先生去世的那段日子,我多次在梦中见到他。季先生在医院的时候,我的同事们也是多次在梦中见到季先生,每次梦到他我们都会相约一起去看望老爷子,可见季先生与我们这些工作人员的感情是多么深厚,他对我们太亲切了。季先生去世时,在北大季羡林追思会的告别礼堂里,我排在徐徐前行的队伍中,与季先生交往的一幕幕都浮现在眼前。

我们在评国家图书奖的时候喜欢在晚上到他的房间听他讲笑话,在大家聚餐的时候喜欢与他一起碰杯喝啤酒,与他一起散步的时候听他讲古……季先生是我们大家的季先生,他是一个大家都尊敬的老人,一个大家都喜欢的老人,一个为了公众的需要而深藏了自己的老人。但在与季先生相处的近20年里,我深深了解到季先生其实是寂寞的、孤独的,尽管在生命的最后几年他门庭若市,声誉鹊起,但也难掩季先生经常沉默不语的寂寞;他同时也是善意的、旷达的,他虽然并不喜欢热闹,也深知自己已经被社会声誉架起来了,但他仍旧善意地满足周遭的需求,需要他做大家坐标的社会需求,需要出版界名利双收的需求,等等,等等。他曾经在病榻上专门著文,对自己近乎剖析地做了分析,他对自己在荣誉上所受到的极大的推崇更是淡而视之。

他写道:"我在上面曾经说到,名利之心,人皆有之,我这样一个平凡的人,有了点儿名,感到高兴,是人之常情。我只想说一句,我确实没有为了出名而去钻营。我经常说,我少无大志,中无大志,老也无大志。这都是实情,能够有点小名小利自己也就满足了。可是现在的情况却不是这样子。已经有了几本传记,听说还有人正在写作。至于单篇的文章数量更大。其中说的当然都是好话,当然免不了大量溢美之词。别人写的传记和文章,我基本上都不看。我感谢作者,他们都是一片好心。我经常说,我没有那样好,那是对我的鞭策和鼓励。"

出于此种认识,季羡林先生郑重提出:"我现在借这个机会廓清与我有关的几个问题。"他掷地有声地做出"辞'国学大师'""辞'学界(术)'泰斗""辞'国宝'"的决定。

季先生的一生有自己的理想、成就,也有遗憾。我的眼前经常浮现出的是老人沉默但又若有所思的面孔。他一定有内心深处的精神需求,一定有他理想境界里的情感寄托,但这一切都随着岁月流逝了,带走了。在徐徐向前的追思队伍里,我在心里感叹着,季先生被这么多学子爱戴着,被国人敬仰着,但真正能读懂他的又有几人。也许,在这个世界上,真正知道自己的,也只有季先生自己。

我在季先生遗像前深深地鞠躬,愿天堂里季先生能开怀。

人们对名人的仰慕往往仅限于此,对名人的精神世界的探索却常流于空白。这是因为人们常常被名人们流光溢彩般的表面生活所迷惑,以为他们就是那个活在众人面前辉煌璀璨的人。其实,名人的名气与名人的精神世界,经常是有距离的,有时距离还很大。从精神世界来说,越是有才华有成就的人,他的精神世界越是丰富。或者说,正是因为这些丰富的精神世界,才形成了名人的成就、伟业和功勋。

季羡林先生是鲁殿灵光,高不可攀。而实际与季先生接近起来,他又是那样的温良厚朴,平易近人。

季先生感人的形象第一次深深印在我脑海里的,是20世纪90年代初期第一届国家图书奖评奖的时候。季先生是文学组的负责人，我是工作人员，为评委们服务。那一年的工作很紧张，评委们只能将就着在小饭店里吃饭。吃饭的时候，只见季先生在拥挤的座位里举手向我"请示"，我忙问什么事情，季先生微笑着说："可不可以喝一杯啤酒？"我们所有的人都被先生的幽默和纯朴给逗笑了。那一年，季先生已是82岁的高龄了，但他给我们的印象却是那样地健康、幽默、平易近人，几天的紧张工作下来，他已成为我们全体工作人员的老朋友。他自己也常说，非常愿意和我们年轻人交朋友。而我们这些工作人员，见到季先生如此平易近人、和蔼可亲，便一有空就往季先生的屋子里钻，与他聊天、照相，没完没了，其乐融融。没有几天，他就把我们工作人员的名字都记熟了，还知道我们每一个人的爱好和特点。当先生得知我在工作之余还坚持写作时，就要我送他一本，并鼓励我最好再读一个博士。我当然不好意思把自己的拙文拿去打扰先生。但事隔两年，到第二届图书奖评奖时，季先生见了我，第一句话就是问我要那本小书。此时，季先生已成了我们的大朋友，我们有什么话甚至各个学科的疑难问题，都愿意找季先生解答。经常的场景是这样的，我们在季先生的房间里盘腿坐在地上，而季先生笑眯眯地坐在床上，我们就像是季先生的弟子一样围坐在那里，听先生给我们讲一些名人逸事。虽然先生年长我们许多，是我们的祖父辈，但我们却丝毫没有感觉到岁月的隔阂，先生的思维方式非常年轻和活跃。季先生对我们工作人员也熟稔如一家人，经常会问我们："怎么没有见到小Y呢？"

先生的知识当然是渊博的，学问是深厚的，与先生在一起工作的日子,是我们精神生活最为丰富的日子。面对全国几年来出版的精美图书,我们经常围坐在先生的身边,听他给我们解答各种疑问。从美术、历史,到考古、文学,季先生就像一部百科全书一样,总能使我们的各种疑问和难点一一得到解答。我们从中得到的教益,尤其是一些珍贵的史料性的佳话,茹古涵今,无有端涯,都是在书本上所不能得到的。而同时,与先生在一起的日子,也是我们在心情上最放松的日子。在先生面前,我们就像又回到了学生时代,我们面前总有一个耐心的老师为我们亲切地解答各种疑难问题,而且,这位老师又是那样地慈祥、善良和幽默。

后来,是在写先生传记的时候,我才了解到,先生与我们一起工作和交往的这几年,正是他的个人生活最为痛苦的几年。他先后失去了自己亲爱的女儿和老伴,但我们却丝毫没有感觉到先生精神上的沉郁和悲观,他热情地参加所有的社会工作,健朗地与年轻人交往。他继续在学术的田野里耕耘,同时也写出了充满深情的怀念亲人的文章。他是把悲伤留给了自己,在深夜里独自咀嚼。当知道这些事情的时候,再回头看那个时候的季羡林先生,便更觉得先生如同超人,既具有强大的抑制力,却又情感深沉、慈悲为怀。

先生的人格魅力确是应该写出来的。他所代表的一代知识分子的精神风貌是值得我们年轻一代永远学习和敬仰的。先生的学术成就,是后人几生几世也无法企及的,但先生的精神境界和人格魅力,却可以使我们获取许多人生要义。

因写这一本传记而接近了先生是幸运的;因写完了这本传记而

了解了先生伟大而又平凡的一生又是获益匪浅的。先生给我的精神上的力量和教益使我一生也受用不尽。每次与先生见面回来，我都能感觉到一种精神的富足和平静，缭乱的人生在瞬间便都能平静下来，人在这个时候便觉得特别清醒，知道自己在这短暂的人生中到底需要的是什么，应该做的是什么。我也明白了，何以季羡林先生能够九旬高寿仍然精神爽健，笔耕不辍。静水流深，沉静人生，先生的精神世界，永远是平静和高洁的。

一、赋得永久的悔

在季羡林先生的精神世界里，有一个神圣的位置，是永远留给他的母亲的。关于母亲这个话题，季羡林有许多文章来回忆。因为这是季羡林精神世界里最大的遗憾，也是他生命里最大的缺失。因此，这也成为影响季羡林的性格形成的至关重要的因素。可以说，因为母亲在季羡林生命中的缺失，才使得他的精神世界永远无法完整，才使他悲天悯人，感物伤怀，创造出许多感人的篇章。

（一）童年的悲伤

1911年8月6日，是中国内忧外患、风雨飘摇、多事之年的一个普通日子。但对于山东省清平县（现并入临清市）官庄，却又是一个不普通的日子。

临清虽然只是鲁西平原一个小小的村庄，但因为会通河的开通，这里成了重要的漕粮转运中心，与淮安、济宁、德州、天津并称为运河上著名的五大粮仓。明清时期，临清是华北最大的棉布、绸缎和粮食等商品集散和贸易中心，布匹年销售量至少在百万匹以上。昔日的临清还是很繁华的，但随着运河漕运的败落，临清也逐渐败落，在季羡林出生的那个岁月，它已经完全没有了昔日的繁华。

这一天，季羡林出生在官庄一个贫穷的家庭。官庄是当时临清较穷的地方，而季家，在官庄也算是最穷的一家。季家是一个大家庭。季羡林出生的时候，祖父祖母都已去世。父辈亲兄弟有三人，老大季嗣廉，就是季羡林的父亲。老二季嗣成，是季羡林的叔父。祖父祖母去世时，家道已败落，为了能生存下来，不得不把最小的老三送给了别人，改了姓。此时的家中已是房无一间，地无一寸，两个无父无母的孤儿实在无法活下去。先是投奔了堂伯父，他是个举人，也是方圆几十里最有学问的人。伯父不错，待他们兄弟二人很好，但无奈家庭大，人多是非也多。兄弟二人有时饿得没有办法，只好到别人家的枣林里去捡落到地上的干枣充饥。最后，兄弟二人又逃到济南谋生。

到了济南以后，人地生疏，二人拉过洋车，扛过大件，当过警察，卖过苦力。叔父最终站住了脚。于是兄弟俩便商量，让季羡林的父亲一人回老家，叔父一人留在济南挣钱，寄钱回家，重振家业。就这样，靠着在济南打工的九叔（从家族排行上算）间或寄点钱回家，季羡林的父亲才能勉强度日。就是在这样贫穷的时候，父亲娶了母亲。母亲的娘家姓赵，在穷的方面是门当户对。家里连饭都吃不上，自然没有钱和空闲去上学。甚至活了一辈子，连个名字也没有，出嫁前是"嫚儿"，出嫁后就是"孩他娘"了。季羡林的母亲一辈子走得最远的路，就是从娘家到婆家的五里路。

在季羡林出生前的几年，家里突然"阔"过一阵。那是九叔闯关东时，用口袋里剩下的最后五角钱，买了十分之一的湖北水灾奖券，中了大奖。农民的"富贵还乡"的心理，使兄弟俩决定把钱送回老家，由父亲一手张罗，买了砖瓦盖了房，置了田地种了粮。真是酣畅淋漓，扬眉吐气。无奈好景不长。就像山东传统的待人接物一样，父亲也似梁山泊好汉宋江一样义气大方，逢友便济，遇亲即助。转眼间，屋子上的瓦被拆下来变卖，有水井的良田也变换了主人。季家兴隆了瞬间，便又恢复到从前的贫穷状况。

季羡林就是在家庭陡然穷困的状况下来到了人间。

季羡林对生活的最初印象便是饿。因为那时家里只有半亩多地，一家三口就靠这半亩地生存，因此，吃得很坏。对于幼年时的季羡林来说，吃"白的"，是他的最高理想。所谓"白的"，是指麦子面。"黄的"是指小米面或棒子面饼子，"红的"是指红高粱面的饼子。季羡林整日下咽的，只能是"红的"，又苦又涩，难以下咽，但不吃肚子又饿，那种饥肠辘辘的声音，比粗糙的高粱面还要可怕。

小时候的季羡林表面上看十分安静，不爱说话，但实际上还是小有个性的小孩,实心实意,憨厚可爱。家里远亲中有一位被唤作大奶奶的十分喜欢他,她的家境不错,亲孙子又早亡,便把全部的钟爱都倾注在这个听话温顺的远房孙子身上。她把每天吃的"白的"麦子馒头留出半个或四分之一个,留给小羡林吃。这便成为季羡林童年中最美的一件事情,他每天早晨一睁眼,便立即跳下炕来往村里跑,因为他们家住在村外。他跑到大奶奶跟前,清脆甜美地喊上一声"奶奶",大奶奶便立即笑得合不上嘴,把手缩回肥大的袖子中,从口袋里掏出一小块馍馍,递给小羡林,这便是他一天中最幸福的时刻了。吃着这一小块馒头,小小羡林的世界便充满了那馒头的滋味:甘甜、充实。这是季羡林小时候最美的记忆。

对于母亲的记忆,季羡林最深的情感就是后悔,后悔不该从小答应离开家乡,以至于对母亲的回忆中除了永久的悔恨,再也没有更多的印象。随着年龄的增长,这种悔恨越来越强烈。但,当初他就算不答应离开,大人们能同意吗?

的确是这样,在小羡林记事的时候,家境贫困,除了饥饿,就是劳作。在他的记忆中,最有趣的一件与母亲有关的事情竟是"挨打"。

因为贫困,季家几乎就没有吃过"白的"馒头。小季羡林除了吃大奶奶家赏给的一点馒头外,就很少能在自家吃到馒头。偶尔能够吃一点,也是他自己到外面去"挣"来的。所谓的"挣",就是跟着几个大人到本村或外村富人的地里去"拾麦子",也就是捡别家的地里剩下的一点麦穗,有时拾上半天,也不过拾上半篮子。即便这样，赶上一个夏天，一个四五岁的孩子，也能拾上十斤八斤麦粒。为了对小羡林加以奖励，麦季过后，季母便把麦子磨成面，蒸成馍馍或贴成白面饼子，给饥饿的小羡林解解馋。但就是这样，也不能管饱，只是解馋而已，因为家里实在贫穷，需要细水长流地吃白面。但有一次，小羡林吃得馋劲上来了，在吃完了母亲给的分内的一块白面饼后，忍不住又偷吃了一块，让母亲看到了，便追着要打。小羡林便机灵地往水坑里跳，因为他是赤条条的浑身一丝不挂，母亲穿着衣服没有办法下到水坑里捉他，便只好作罢。而小羡林就站在水坑里把白面饼子尽情地享受了。这个时候的小羡林，便显得格外淘气和机灵。

这是小羡林记忆中唯一的一次"挨打"。他从小温顺，听话，大人们都喜欢他。尤其是母亲，知道他人小肚子大，有时就格外照顾他。

有一年过中秋节，母亲不知从哪里弄了点月饼，便给小羡林偷偷掰了一块，小羡林蹲在一块石头旁边，大口吃起来。但因为吃得太快，月饼是什么滋味最后也不知道。在他的记忆中，有了好东西母亲是从来不吃的，不但是月饼，就连白面贴饼子，她也没有吃过。有点好东西，都留给小羡林吃了，而她自己只吃点高粱饼子，或是野菜。

于是，关于母亲的记忆，几乎都是与吃有关的。因为与母亲在一起时，小羡林才四五岁，除了吃的记忆，他几乎都记不起母亲的容貌。母亲的面影永远是迷离模糊的，没有一个清晰的轮廓。他甚至连母亲的笑容也记不起来。是的,那样艰苦的日子,小儿子又从小就离开母亲,作为母亲她又怎么能够笑得出来呢?后来,对面的宁大婶子告诉过季羡林,他母亲也很后悔,她常说:

"早知道送出去回不来,我无论如何也不会放他走的。"

小羡林能够想象得出来,这简短的一句话里面,不知包含着母亲多少的思念和悲伤。不是因为生活实在贫困,谁能让自己乖顺的儿子远离家乡,送给别人寄养?可以想见,母亲不知有多少日日夜夜,眼望远方,盼望自己的儿子回来。但她永远没有盼到,她送走的那个听话的让她心疼的儿子,始终没有出现在她的盼望中,一直到她离开了这个世界。

每每想到此,季羡林的心头总会涌上无尽的后悔。他曾经在心里暗暗下决心,立下誓愿,一旦大学毕业,自己有了工作,一定要把母亲接出来,让她好好享享儿子的孝心。但这份孝心却一直没有奉献上。为此,季羡林将它称为自己永久的悔。这也是穷得没有办法才有的事情。

6岁那一年春节的前夕,小羡林离开了官庄,离开了母亲,跟着叔父到济南上学去了。因为官庄太穷,而父亲和叔父两人也只有小羡林这一个男孩子,大人们是想把男孩子培养成人,以光宗耀祖,光大门楣,而全然不知,一个6岁的孩子离开母亲,会有什么样的感情痛苦。小羡林被带到了济南,别看他平时不爱言语,在母亲身边也时常犯淘,但真的离开了母亲,他的伤心却是来自心底深处的。有多少次他在梦里哭醒过来,醒来仍是身在异乡,母亲的音容笑貌永远只留在了梦里。这些寄人篱下的生活经历，也慢慢形成了季羡林内向的性格特征。他经常在济南生活的冷暖中，品尝着离开母亲的痛苦。对于感情越来越深沉、性格越来越内向的小羡林来说，他宁愿再啃红高粱饼子就着苦咸菜，也要与贫穷但慈祥的母亲在一起。他第一次知道，虽然白面馒头好吃，肉也很香，但这都代替不了母亲在身边的温暖。因此，小季羡林心中暗暗立下誓愿，一定要好好念书，争取考上大学，再找一个好工作，把母亲接出来奉养。

当然，小羡林永远也不会料到，这一次即是他与母亲的永别。当他在北平读大学时，得到了母亲去世的消息。当他从北平赶回家乡，只看到了母亲的棺材和简陋的小屋，他心中的悔疚真是无以言表。他真切地体会到，世界上无论什么名誉，什么地位，什么幸福，什么尊荣，都比不上有母亲在自己的身边。所谓"儿不嫌母丑"就是这个道理。当然，年纪很小就离开了母亲的童年经历，对季羡林的性格也有很大的影响。长期生长在叔父家中，他从小就培养了克己慎独的良好品性，而性格内向，不爱张扬，也成了他以后的主要性格特征。

济南是一座古老的城市，有灰蒙蒙的城墙，灰蒙蒙的楼房，到处都是车马的喧闹声和小贩的叫卖声。这一切对一个刚刚离开母亲、生性羞怯的男孩来说，更加增添了他的孤独感。叔父细心，当知道这个安静的侄子喜欢兔子时，便在一次外出时给他带回来了三只。一只大的，黑的，像母亲；两只小的，白色，像子女。小羡林高兴极了,连忙去找豆芽,找白菜,张罗着喂它们。他把它们放在床底下,听着兔子们在床底下嚼豆芽的声音,便仿佛又回到了那个贫穷但亲切的故乡。就这样,三只小兔子就成了小羡林初到济南读书时的小伙伴了。慢慢地,小兔子与小羡林成了朋友,它们见了小主人也不躲开,甚至还温顺地让他抚摸,这让小羡林很感动。他的心太善良,太柔情了。这份善良和温和几乎成为他一生的性格特征。后来,非常偶然的一天,兔妈妈失踪了。小羡林急坏了,找了许久也没找到。看到两只小兔子偎在他的脚下,他觉得难过极了,一种凄凉之感油然而生。他不由得不联想到自己。他这样早就离开了母亲,常常想念母亲,倍觉凄凉和寂寞。而小兔子没有了母亲,不是会和他一样感到凄凉和寂寞吗?想到此,小羡林不由得落下了眼泪。谁知悲剧并没有结束,两只小兔子也相继或失踪或病故了。就这样,仅仅是半个秋天,三只在小羡林面前跑来跑去的兔子一只都不见了。

这使孤独的季羡林更感到了一种童年的寂寞。他虽然还同以前一样安静地读书,但读书时脑海里却常常浮现出小兔子那一对红红的眼睛。在晚上从蒙眬中醒过来时,也常常会产生一些错觉,眼一花,便会看到满地凌乱的影子,一溜黑烟,一溜白烟。再仔细一看,有什么呢?小羡林轻轻在心里叹了口气,翻过身去,愈加感到了冷清和寂寞,还加上了一点轻微而空漠的悲哀,在他还不晓得愁滋味的年纪,他已经有了感伤的情怀。

小时候的季羡林还有一个特殊的爱好,就是看猪场捉猪。季羡林上小学的地方有一个养猪场,每天杀猪时都要提前把猪捉住捆好。季羡林很喜欢看捉猪,于是每次听到猪叫就赶紧和小伙伴一起爬到树上,坐在树的最高处,看猪场捉猪。虽然当时年龄很小,对猪临死前的挣扎感想不多,但这一幕却牢牢记在了小羡林的脑子里。以至于当季羡林去德国留学,看到德国的"猪道主义"的杀猪方法时,对比中国的杀猪,引发了他一场感慨:"造物主实在是非常残酷不仁。他一定要让动物互相吞噬,才能生活下去。难道不能用另外一种方法来创造动物界吗?即使退一步想,让动物像牛羊一样只吃植物行不行呢?当然,植物也是生物,也有生命;但是,我们看不到植物流泪,听不到它们嚎叫,至少落个耳根清净吧?"从这个细节里可以看出季羡林情感的细腻,这与他从小孤寂的生活有很大的关系。

季羡林从小离家的生活经历,造就了他感情细腻、性格内向的特质。如果不是这样的一段经历,也许,他也是一个顽皮活泼的儿童。反过来。这样的经历,也促成了他的早熟,和对命运的默认。因此,在学习上面,季羡林从一开始就知道自己的使命,他在潜意识中把学习当成一个工具,一个可以缩短自己与母亲的距离的工具。因为通过它,通过优秀的学习和成就,才能满足他与母亲团圆的梦。

(二)聪慧少年

在私塾没有念多久,叔父便将羡林送至济南一师附小去念书。

小学所在的街道是做棺材的,但起名叫"升官街"。文不对题,大约是为了讨个吉利。学校的校长是个维新人物,受五四新文化运动的影响,将学校里的国文教材都改成了白话文。这对刚从私塾学堂里出来的小羡林来说,很有吸引力。国文中的白话诗朗朗上口,国文中的白话课文读起来生动有趣。他还记得一首听起来很滑稽的白话诗:"大明湖上逛逛,仙人桥上望望"云云。尤其是有一篇叫作《阿拉伯的骆驼》的课文,季羡林读了觉得非常有趣。课文中所讲的阿拉伯的骆驼,对他来说是既陌生又新鲜,他读得爱不释手,总是拿在手中反复看。然而,没有想到的是这篇文章却惹了大祸。有一天,叔父闲来翻看他的课本,翻到了骆驼这一课。只见他勃然变色,指着课文愤愤地说:"骆驼怎么能说人话呢?不行,这样学下去还得了吗?这个学校不能念下去了,转学,一定要转学。"

结果,就为了一篇课文,头脑守旧的叔父便给季羡林转了学。好在转学手续简单,只要经过一次口试就行了。口试很简单,考官在纸上写几个字,让新生来认。这几个字之间有一个"骡"字,季羡林认出了,于是定为高一。有一个比季羡林大两岁的学生没有认出来,于是定为初三。就是因为这一个字,季羡林就省去了一年学。

新的学校新育小学校园很大,树木丛生,花草茂密,是一座很具规模的学校。在用木架子支撑起来的一座柴门上面,悬着一块木匾,上面刻着四个大字:"循规蹈矩"。小羡林当时也搞不清这四个笔画复杂的字的含义,只是觉得它们每一个字都复杂得像一座迷宫，忽凸急现，非常好玩。尽管它们悬在门上每天盯着出出进进的学生们，但学生们对它们所表现出来的复杂与神秘并不理会。小羡林就在这块匾下面跳进跳出，上学、游戏和淘气。匾上的意思恰恰相反，小羡林在这座学校里如鱼得水，充分发挥了自己聪明、爱玩的天性，给老师起绰号，"架"老师，也是老实本分的季羡林在这时做过的。尽管季羡林整体上是老实的、本分的，但少年顽皮的天性在合适的机会中也会自然地流露出来。

上小学的时候，小羡林与所有的同龄儿童一样，都带点淘气和贪玩。不是看闲书就是玩铁圈。那时没有什么玩具，最时髦的玩具就是自己用废铁丝弄成一个圈，再用铁条弯成一个一头有钩的推子，把铁圈放地上一滚，后面用铁钩护着不倒，就是他的至乐玩具了。他在学校最爱读的，便是被叔父称之为"闲书"的小说类书。叔父不让小羡林看闲书，说那都是些"旁门左道"，不登大雅之堂的。因此，小羡林只得寻找一切机会，偷着看闲书。在家里，他的书桌下面有一个盛白面的大缸，上面盖着一个用高粱秆编的"盖垫"。书桌上摆着"四书""五经"等正课的书，而手中捧着的却是《彭公案》《济公传》《西游记》《三国志演义》等旧小说，唯独不爱看《红楼梦》。到学校后，便用不着防备了，一放学，就是小羡林的世界了。万事莫如读书急，他常常是背着书包，躲到学校里的假山背后，或者某个盖房子的工地上，拿出闲书，狼吞虎咽似的大看起来。一看便忘记了时间，忘记了吃饭，有时候到了天黑，才摸回家去。而叔父还以为他是留在学校里背书呢。读闲书的成绩很大，小羡林对小说里绿林好汉的名字早已背得滚瓜烂熟,连他们用的兵器也如数家珍,比正堂的课本是熟悉多了。久而久之,自己也做起英雄梦来。有一次,一个小朋友告诉羡林,把右手五个指头往大米缸里猛戳,一而再,再而三,一直到几百次、上千次,练上一段时间以后,然后再换上砂粒,用手猛戳,最终便可以练成铁砂掌,五指一戳,就能够戳断树木。小羡林听说如此,心便动了起来,他想他若有双铁砂掌不是便可以劫富济贫了吗?于是便信以为真,猛练起来,狠命地往大米里戳,往细沙里戳,结果把指头戳破了,鲜血直流。事到如此,小羡林方觉悟,自己与铁砂掌无缘,便停止不练了。

在季羡林上小学时,还有过一次很成功的"商业活动"。季羡林上小学经过的路上,有一个卖五香花生米的小铺子。铺子虽小,名声却极大。花生米又咸又香。季羡林经常用自己的早点钱买上一点。有一天,他突发奇想,一下子买了半斤花生米,分别用纸再分出了若干包,带到学校,向没有机会买到花生米的小学生兜售,买卖很成功。季羡林的聪明由此也可窥见一斑。

上小学的季羡林也喜欢打架,欺负别人,也被别人欺负。曾经有一个男孩子,比季羡林个子高,总是欺负小羡林。最初季羡林有些怕他,时间久了,小羡林终于忍无可忍,同他干了一架。两个人抱着在沙地上滚来滚去,有时这个在上面,有时那个在上面,不分高下。直到上课铃响了,才各回教室。但从此这个高个子同学就再也不敢欺负季羡林了。

（三）青春的烦恼

季羡林在后来的回忆文章中提到过："从这一件小事来看，我无论如何也不能算是一个内向的孩子。怎么会一下子转成内向了呢？这问题我从来没有想过。现在忽然想起来了，也顺便给他一个解答。《三字经》中有两句话：'性相近，习相远。'习是能改造性的。我6岁离开母亲，童心的发展在无形中受到了阻碍。我能躺在一个非母亲的人的怀抱中打滚撒娇吗？这是不能够想象的。我不能说叔婶虐待我，那样说是谎言，但是在日常生活中小小的歧视，却是可以感觉到的。"

正是这种无形中的心理压力，使得季羡林在学生时期便呈现出一种非常早熟的特质，他天性温和，不好争斗。学习成绩总保持在甲等后几名、乙等前几名之间，在班上属于上中水平。只要下了课，他就和一群爱玩的同学到大明湖钓虾、钓蛤蟆，他觉得坐在大明湖湖边，用小竹竿钓虾是最大的快乐。看着那小虾被网住的欢喜真是绝顶的。如果就这样钓下去，他也乐意。在他年幼的心里，还谈不上有什么太大的志向，然而叔父却对他寄予了很大的期望。他是要这季家唯一的男孩为他们光宗耀祖的，于是对季羡林要求极严。他见学校里的功课难不住小羡林，便自己在家亲自给他讲课，他还编选了一本《课侄选文》，都是叔父喜欢的一些理学文章。虽然叔父没有受过什么系统教育，但靠着他自己的天分，"经""史""子""集"也读了不少。他不但能作诗，还擅长书法，更有一手刻图章的好技艺。因此，小羡林自小便受到叔父的严格教育，他以后的学术成就，是与叔父当年的悉心栽培分不开的。

初中毕业以后，季羡林在正谊中学只念了半年高中，便转入新成立的山东大学附属高中读书。那时是1926年。山东大学的校长是前清状元、当时的教育厅长王寿彭。他提倡读经，很合叔父之意。而因了学校的倡导，在高中还安排了两位教读经的老师，一位是前清翰林或者进士，一位绰号"大清国"，是一个顽固的遗老。他们上课有一个共同的特点，就是都不带课本。他们教的《书经》和《易经》，早已倒背如流，滚瓜烂熟。不仅是正文，连注疏也在内。教国文的是王崑玉先生，这是一位桐城派的古文作家，极有学问，有自己的专著。这位国文老师对季羡林的影响很大，不仅是他深远的学问，而且还因了他对季羡林的格外赏识。季羡林在他的国文课上写的第一篇作文题目是《读〈徐文长传〉书后》。季羡林没有想到，他这篇与往常一样应付作业的课文，却得到了王先生的高度赞扬。他在作文后面的批语是："亦简劲，亦畅达。"这对季羡林是一个很大的鼓励。常常是这样，老师的一次赞誉，有时会影响一个学生的一生。果然，自从得王先生批语以后，季羡林便对古文产生了浓厚的兴趣。他不再是顺从老师、学校和叔父的安排，让学什么便学什么，而是自己主动去找来了《韩昌黎集》《柳宗元集》，以及欧阳修、三苏等的文集，想要认真钻研一番。而且，在英语课之外，他又加学了一门德语。

这样的努力，使季羡林的学业一下有了突飞猛进的效果。他在第一学期就考了一个甲等第一名,而且平均分数均超过 95 分。这样突出的成绩受到了校长王状元的嘉奖,他亲笔写了一副对联和一个扇面奖给了季羡林。他写的扇面是:"净几单床月上初,主人对客似僧庐;春来预作看花约,贫去宜求种树书。隔卷旧游成结托,十年豪气早消除;依然不坠风流处,五亩园开手剪蔬。"王校长的扇面和对联对季羡林的影响很大。季羡林在后来的回忆中也认为,他从自卑到自信,从不认真读书到勤奋学习,关键是虚荣心,是虚荣心作祟,使一个 15 岁的孩子,从此树立了上进心。后来季羡林还更准确地分析说,应该是荣誉感,鼓励了一个有自尊心的孩子,在自己能力范围中做到极致。从此,他开始有意识地努力学习。当然,对一个少年来说,当初的努力也只是为了保全一个荣誉,既然得了第一,就不能再落后下来。在季羡林的性格中,这种一旦下了决心就坚持下来的特点使他受益匪浅。果真如此,在高中三年学习中,六次考试,季羡林都考了甲等第一名,成了"六连贯"。而从这以后,努力学习,渴求知识,便成了少年季羡林的一个明确目标,也成了他一生的追求。

(四)舞文弄墨初长成

1929 年,季羡林转入新成立的山东省立济南高中,学习了一年。这一年,在季羡林的一生中是一个重要的阶段。尤其是在国文方面,有许多良师益友,给季羡林以很大的影响,也给他留下了难忘的印象。

在这所学校里，教国文的教师，都是全国闻名的作家，如胡也频、董秋芳、夏莱蒂等。尤其是胡也频老师，更是给了季羡林全新的印象。胡也频，是近现代革命史和文学史上都有影响的作家，尤其是他在现代文学史上的地位，更是令人瞩目。季羡林第一次见到胡也频，是在国文课的讲台上。他个子不高，人很清秀，完全是一副南方人的形象。而胡也频先生带给课堂的新文学精神，让一批读够了经书的年轻大孩子们兴奋异常，他讲课中提到的"现代文艺""普罗文学"等一些新名词，也令学生们耳目一新，大开眼界。胡也频上课，完全是新派讲法。他不但不讲《古文观止》，就连新文学作品也不大讲。每次上课，他都在黑板上大书"什么是现代文艺"几个大字，然后便旁征博引、滔滔不绝地讲起来，讲课时眉飞色舞，乡音浓郁。而下一次上课，仍旧是在黑板上写七个大字："什么是现代文艺？"季羡林他们这班年轻的学生，简直听得入了迷，在古老的泉城，他们是第一次听到这些名词。当然，他们都知道，所谓的"普罗文学"或"现代文艺"，实际上就是"马克思主义"的代名词，只不过在当时的环境下指代它罢了。学生们受胡也频的影响，便买了许多当时流行的马克思主义文艺理论书籍。虽然读不懂，但也怀着朝圣一样的心情，生吞活剥地读下去。读完了便感到天空格外高远，空气格外清爽，就连学校那些崇楼峻阁，也增添了新的光辉。

当时，还是国民党的天下，他们是与共产党、马克思主义不共戴天、势不两立的。在这种气氛下，胡也频向学生们宣传"普罗文艺"无疑是充满了危险。但他并不在乎，反而处之泰然。但见他小小的个子，迈着轻盈细碎的脚步，匆匆忙忙、仓仓促促地穿梭于校园、课堂中。他视敌人如草芥，宛如走入没有敌人的战场中，侃侃而谈，挥斥方遒。他不但在课堂上宣传，还在课外进行组织活动。他号召组织了一个现代文艺研究会，由几个学生积极分子带头参加，并贴出告示，昭告全校，让大家踊跃参加。一时间，学生们当场报名、填表，热闹得像是过节。季羡林受此影响很深，也写了一篇文章，准备发表在胡也频筹办的一个刊物的第一期里。文章的名字叫《现代文艺的使命》。因为当时的理解有限，文章中也就是把"革命"两个词反复提诵而已，但对季羡林来说，受新文艺思想的影响，应该是始于此。

董先生是替胡也频老师来上课的那位陌生先生。他同样是个子不高，相貌平平，有一只手好像还有点毛病，说话带浓重的绍兴口音，不仔细听还听不懂。但董先生的笔名对季羡林这些高中生来说却是很熟悉的。他的笔名叫冬芬，翻译过一本苏联小说《争自由的波浪》，还是鲁迅先生作的序。他还写给鲁迅先生一封长信，也登在报刊上，为热爱新文学的青年们所熟知，现在也收在《鲁迅全集》里。

但在课堂上，他的作风与胡也频先生完全不同。他既不讲"现代文艺"，也不宣传革命，只是老老实实地教书，小心认真地改学生作文。他也讲文艺理论，但却是纯艺术的，如日本厨川白村的《苦闷的象征》《出了象牙之塔》。他有一个最绝的授课方法，就是他出的作文题目很特别,常常是转过身去,在黑板上大书四个字:"随便写来"。由于大量的课外阅读,在潜移默化中,季羡林无意识中已形成了自己对写文章的一套看法。这就是:第一,感情必须充沛真挚;第二,遣词造句必须简练、优美、生动;第三,整篇布局必须紧凑、浑成。三者缺一,就不是一篇好文章。以后他读到一些英国名家的散文,也发现了同样的规律。他甚至浪漫地想到,写文章应当像谱乐曲一样,有一个主旋律,辅之以小的旋律,前后照应,左右辅助,要在纷纷变化中有统一,在统一中又错综复杂,关键在有节奏。这些想法,是在不知不觉当中形成的,当初的季羡林并没有很自觉地去运用这些程式。有一次,仍旧是董先生的作文课,他仍旧在黑板上书写了四个大字:"随便写来"。季羡林望着那四个字,微微一笑,心中的一篇文章呼之欲出,就像早就打好了腹稿一样。因为他早就要写一篇自己回故乡的文章,反正是"随便写来",季羡林便埋头写起来,一篇记叙回故乡的文章马上就写出来了。没有想到,当作文本发下来时,董先生在作文本每一页上面的空白处都写了一些批注,不少地方有这样的话:"一处节奏""又一处节奏"等等。季羡林非常吃惊,这篇作文经董先生这样批注,连他自己都不敢相信:"这真是我写的作文吗?"

这当然是羡林的文章,只不过他的文章节奏早已融入了他的无意识中,这种长期积累、偶然得之的苦心孤诣连他自己也没有意识到,却被董先生一一圈点出来,知己之感,便油然而生。

应该说,董先生的批注是季羡林以后成为大散文家的最早契机。季羡林自己回忆起这段往事时，也不由得感慨，60多年来，他所从事研究的都是一些稀奇古怪的东西，与写文章写散文风马牛不相及，但感情上一有触发，心血来潮，便会"随便写来"，这随便写来的文章，却充溢着学者的智慧和诗人的情怀。这与当初董先生的培养和认可是分不开的，也是与他长期的文学熏陶和知识的积累分不开的。

季羡林考上了清华大学。在清华大学上学期间，季羡林心中的痛时不时地会在夜半时刻折磨着他的神经。清华园的学生生活，也记录了他心中永远的遗憾。因为在上学期间，季羡林最想念的母亲离开了他。如果说在季羡林的年轻时代，还有什么感情寄托的话，那就是母亲。

季羡林在日记中多次记录了这种儿思母、母不在的思念之情：

今天最值得记的事情就是接到母亲的信，自从自（己）出来以后，接到她老人家的信这还是第一次。我真想亲亲这信，我真想哭，我快乐得有点儿悲哀了……的确母亲的爱是最可贵的啊。（1933年2月22日）

几日来，心情非常坏，一方面因为个人的前途恐怕不很顺利，一方面又听一叔说母亲有病，香妹定七日出嫁。母亲她老人家艰难辛苦守了这几年，省吃俭用，以致自己有了病，只有一个儿，又因为种种关系，七八年不能见一面。除了她的儿以外，她的苦心、她的难处谁还能了解呢？母亲，我哭也没泪了。

（1933年7月4日）

晚上在抄的时候，又想到母亲，不禁大哭。我真想自杀，我觉得我太对不住母亲了。我自己也奇怪八年不见母亲，难道就不想母亲吗？现在母亲走了，含着一个永无（远）不能弥补的恨。我这生者却苦了，我这恨又有谁知道呢？（1933年12月22日）

因为想到王妈又想到自己的母亲。我真不明了整八年在短短一生里占多长的时间，为什么我竟一次也没有家去看看母亲呢？使她老人家含恨九泉，不能瞑目！呜呼，茫茫苍天，此恨何极？我哭了半夜，夜里失眠。（1934年5月3日）

从季羡林的日记中可以看出，对母亲的思念，是他感情世界中永远的痛，这种母子情感的缺憾影响了正在成长中的季羡林的性格，他以后在学术上静心研读，对外面的世界心有保留，与他幼年缺失母爱有很大关系。可以说，季羡林对母亲的思念也是由"红的"和"白的"凝成的，"红的"是他浓郁的情感，"白的"是他泣血的文字，字字句句都凝结着一个赤子对母亲的思念和依恋。这样的情感的缺失，是季羡林心中永远的痛，也无怪乎季羡林在几十年后还著文撰写泣血的散文，称之为"永久的悔"，可见母亲在季羡林心中的无法替代的位置。

二、寂寞的青春

（一）奉旨成婚

1929年，季羡林刚刚18岁，却奉长辈之命，与一个比他大4岁的只念过小学的姑娘结婚。这次婚姻，是季羡林的第一次，也是最后一次，对季羡林来说，这是命运向他敞开了一扇家庭的大门，却也关上了另一扇情感的大门。

如果说，此时的季羡林对外面的世界刚刚有了自己的梦想的话，这一次奉旨成婚，却无疑给他未来的人生罩上了一层朦胧的阴影。他没有办法反抗，因为他还没有来得及反抗，他甚至还没有开始一个青年人对生活的热切憧憬就已然被传统习俗套住了。

季羡林当初离开母亲投身到叔父家里，就是为了要给季家光宗耀祖。这个艰巨的任务有两层意思：一个是要学有所成，成就事业，为季家光大门庭；一个是传宗接代，为季家延续香火。这两层的意思都很重要，甚至是相辅相成的，缺一个都不行。于是，当叔父觉得季羡林在学业上有足够的基础了，便自然地为他找到一个在长辈们眼里很合格的媳妇。

季羡林的妻子叫彭德华，济南人，是季羡林叔父家的邻居，是一个传统型的贤良女性。这个贤良的女性尽管不是季羡林自己选择的，但作为一个妻子，一个旧中国普通百姓家的长辈眼里的媳妇来说，是够格的。彭德华只念过小学，认识不超过1000个字，一辈子也没有读过小说。她甚至在一生中从没有给以后成为大学问家的季羡林写过一封信,因为她就不会写信。但是,在以后的岁月里,季羡林的妻子确实是一个贤妻良母,正如她的名字,是一个典型的中国传统女性,无论是对待公婆,还是对待子女,真正是一个遵守孝道、慈祥善良的好女性。尤其是对待季羡林,更是绝对忠诚,不说二话,没有二心。

但是,这个婚姻对于一个正在求学期间,对未来有着无限向往的学生来说,自然有自己的遗憾。季羡林后来在清华大学读书时的日记中也透露出对这个婚姻的内心遗憾。

> 家庭,论理应该是很甜蜜。然而我的家庭,不甜不蜜也罢,却只是我的负担。物质上,当然了,灵魂上的负担却受不了。(1933年3月3日)
>
> 到家里所见,结果是——理想见了事实要打折扣,折扣的大小,看事实与理想之高下而定。(1933年6月8日)
>
> 本来因为无聊才来家,然而刚来家又觉得无聊了。无聊如大长蛇,盘住了我。(1933年6月9日)
>
> 我近觉得很孤独。我需要人的爱,但是谁能爱我呢?我需要人的了解,但是谁能了解我呢?我仿佛站在辽阔的沙漠里,听不到一点人声。寂寞呀,寂寞。我想到故乡里的母亲。(1933年8月19日)
>
> 家庭对我总是没缘的,我一看到它就讨厌。……非走不行了——我希望能永远离开家庭,永远不回来。(1934年4月

18日）

　　一想到将来——前途仍然渺茫，而且有那样一个家庭，一生还有什么幸福可说呢？家庭毕竟同学校不同，一进家庭先受那种沉闷空气的压迫。中国家庭真要不得。家庭本来是给人以安慰的，但大部分家正相反，我的家庭也是其中之一。（1934年7月3日）

　　作为一个正在求学的学生，接受新的思想和观念就像接受身体的营养一样正常和自然，无论是谁，都会对这样的陈旧的婚姻形式有所抵触，那个时代最有代表性的《家》，就是呼吁出了旧家庭的青年人对爱情和自由的渴望。季羡林对自己的婚姻有所不满，也是情理之中。事情要从两方面来说，从个性解放的角度上来说，这种婚姻是有些陈旧，但对一个一心向学的学人来说，也许是一个较好的选择。这对季羡林事业的促成，也是一个无形的帮助。季羡林的性格本来就很内向，面对这样的一个婚姻，对于长辈的选择，他不会选择用激烈的态度去对抗，而只是把遗憾和悲伤埋在心底。而另一方面，对一个刚刚对世界有着无限憧憬的知识青年来说，能够有一个稳定的生活，却又可以踏进社会中去，是更有吸引力的。所以，季羡林对这个他一生中的第一次也是唯一的一次婚姻，是抱着平静而又无可奈何的心态踏入的。季羡林19岁的时候，已经有了一个女儿，两年后，又有了一个儿子。长辈们交给季羡林的任务，他已经基本完成了。在他沉默的内心里，实际上，他有自己的一个生动的感情世界。

　　季羡林的儿子季承在《我和父亲季羡林》一书中，对父亲对母亲的感情也有一段真实的描述："那时的父亲，在家庭这个问题上，处于一种矛盾状态。他本来有一个自己的家，可是竟不得不寄居在其叔父家里。他本来有自己的意中人，可偏偏要娶一位自己无意的女人为妻。理智上，他承认自己是这个家庭的成员，而且除了生育后代、延续香火，在将来结束学业后，还必须承担起维持这个家庭的责任，然而，他与这个家庭又如此格格不入。农村的那个家，距离越来越远了。城里的这个家，也并没有贴近。从他的性格、感情、气质和理想来说，或者说透了，从他个人的愿望来说，那个时候他更希望自己能成为一个没有任何家庭羁绊的自由人，由他自己去建立理想家庭。在旧中国，个人从旧家庭里解放出来，正是那个时代革命大潮的一部分，许多人为了实现个人的解放，就背叛家庭，走上革命的道路，进而争取整个社会的解放。这样的故事是很多的。可是，父亲没有这个勇气，不满归不满，他没有走上和家庭决裂的道路。他走的是委曲求全、和家庭妥协的道路，他的这种态度一直保持到他人生的最后。"

　　作为季羡林的儿子，季承对父亲的感情世界非常不理解。他认为："至于说父母之命、媒妁之言成就的婚姻不一定都是悲剧，在很多情况下，也能成为喜剧，例子随手可拾，我也看不出父母的结合就一定要酿成悲剧，但他们为什么不可以产生感情从而营造幸福家庭呢？父亲为什么不去做这个努力呢？为什么他只是含着不满，听之、任之、受之、冷漠处之呢？我至今没有答案。"

这之前，季羡林在与妻子成家之前，也有自己心仪的女子，这就是"荷姐"。荷姐是季羡林在济南居住时邻居家的女儿，称之为"四姐"，是一位性格活泼的健康姑娘。对于从小寄养在叔父家的没有母爱的季羡林来说，性格的吸引是最主要的。那时季羡林刚刚成年，婚姻的事情就提到了家长们的眼前。已经对感情世界有懵懵懂懂的感觉时，活泼的四姐就受到了季羡林的青睐。但是，无奈家长们选择的是三姐彭德华，季羡林刚刚萌生的感情无疑被错杀在萌芽中。

（二）沉默的挣扎

为了季家，为了长辈们的期望，季羡林可以把他的肉身奉献出来。但他内心的灵魂，却掩藏得很深很深，是他自己的守护神。季羡林越来越内向，越来越把精力关注于学术，这与他的缺失母爱的童年、寂寞清冷的少年、情感封闭的青年的经历密切相关。人是一切社会关系的总和，人是社会造就的。童年离开母亲，少年寄人篱下，青年奉旨成婚，这样的人生经历，就是上苍要成就一个非凡的人才的精心设计。

上大学期间，季羡林除了自己选的外语主课外，他仍旧喜好中国文学，他选修和旁听了许多著名文学名家的授课，比如俞平伯先生的唐宋诗词课。在课堂上，俞平伯选出一些诗词，自己摇头晃脑朗诵，念到佳句时，便闭上了眼睛，仿佛完全沉浸在诗词的境界中,一副遗世独立而陶陶然的样子。俞平伯是国学大师俞樾的孙子,有家学渊源,自己能写诗,善填词,自然能品味出古人诗词里的绝妙之处。品到妙处时,他会蓦地睁大了眼睛,连声说:"好!好!好!就是好!"听课的学生们正在等他解释好在何处,他却已朗诵起第二首诗词来了。所以,这古诗词中的绝好之处,只能从俞平伯先生的几句喝好中去慢慢品味了。但俞先生的为人处世,却有他特立独行的一面。有一天,学生们像往常一样拥在大课堂里听俞先生讲课,没有想到俞平伯先生居然剃光了头发,像一个出家的和尚一样站在了讲台上。这在当时的教授和学生中是绝无仅有的。于是瞬间便轰动了学校。学校校刊上立即出现了俞先生出家当和尚的特大新闻。在众目睽睽之下,在一派指点声中,俞平伯先生却怡然自得,泰然处之。他仍旧光着脑袋,给学生们讲唐诗宋词。念到佳处,仍旧是晃着光头,在课堂上高喊:"好!好!就是好!"这给季羡林留下了深刻的印象,所谓学者,就应该是这样遗世独立的吧,季羡林深以为然。

这样,季羡林旁听了许多名流学者如朱自清、郑振铎、俞平伯等先生的课,并与这些先生们建立了终生的友谊。当然,所有的旁听也不都是一帆风顺。他同一帮同学去听冰心先生的课时,就遇到过"逐客"。冰心当时正年轻,而又名满天下。学生们都是慕名去看一下年轻的女作家女教授的。只见年轻的冰心先生就像她的名字一样,冰清玉洁,满脸庄严,不苟言笑。当她看到课堂上挤满了这样多学生,知道其中有"诈",于是威仪俨然地下了"逐客令":

"凡非选修此课者,下一堂不许再来!"季羡林他们一帮"业余爱好者"慑于年轻教授的威严,从此不敢再进她讲课的教室。

在这些旁听课中,对季羡林影响最大的是旁听了陈寅恪先生的"佛经翻译文学"。为了能买到参考用书《六祖坛经》,季羡林还跑到城里的一个大庙里去买来了此书。陈寅恪先生的讲课,与那些文学教授大为不同,不是随性写意式的,而是严谨论证式的。这使季羡林极为敬佩并为之仰慕。陈先生讲课,就像他写文章一样,先把必要的材料写在黑板上,然后再根据材料进行解释、考证、分析、综合,对地名和人名更是特别注意。他的分析缜密细致,如同外科医生施行的手术,一针一线,按部就班,丝毫没有差错。他的授课方式,仿佛是带着学生们走在山阴道上,盘旋曲折,山重水复,柳暗花明,最终豁然开朗,把学生引上阳关大道。对于季羡林来说,听陈先生讲课,简直就是一种莫大的精神享受。陈先生这种丝丝入扣的做学问的方式正好与季羡林严谨、缜密的内向性格合拍,他就在那时定下了今后的治学风格,认为如果做学问,就当像陈寅恪先生那样一丝不苟。

在清华园念书的时候,季羡林刚20出头。正是风华正茂、挥斥方遒的大好时候。作为学生,他们几乎都是不太富裕的,季羡林就在家里的寄款和山东教育厅的微薄的资助下勉强度日,但在他的精神世界里,仿佛有着永远用不完的财富,这个财富,就是青春。

有了青春,就有了勇气,有了气魄,有了慷慨激昂的宣言。季羡林与几个处境相同、爱好又相同的同学经常凑在一起,"指点江山，激扬文字"。这些同学大都是爱好文学的伙伴，其中有吴组缃、林庚、李长之等。虽然他们不是一个系，但因为爱好相同，又都是各系里的佼佼者，便经常聚在一起，有时在学校的工字形大厅中，有时在大礼堂里，有时又在荷花池旁"水木清华"的匾下。他们高谈阔论，直抒胸臆，评论天下大人物。特别是对古今文学家，讲到哪评到哪，全无顾忌。虽然有时不免有些幼稚，也有些无边无际，但因为观点新锐，思维敏捷，就像是《世说新语》中的人物，他们谈论《红楼梦》，评说《水浒》，研讨《儒林外史》，每个人都努力发一些怪论，"语不惊人死不休"。

有一次，茅盾的《子夜》出版时，他们便在学校的工字形大厅里展开了一场颇为热烈的大辩论。工字厅是一座老式建筑，里面回廊曲径，花木葱郁，又后临荷塘，是一个年轻学子们高谈阔论的好地方。那个有名的写着"水木清华"四个大字的匾，就挂在工字厅后面。这里面的房间很多，数也数不清。这个地方很安静，平时很少有人来。于是，他们"四剑客"就常到这里来侃大山。毫无疑问，对这一群饱读中外名著的高才生来说，对《子夜》的过于理念化和概念化自然有不同的看法。一些思想较为激进的文学青年，自然赞成《子夜》的社会意义；而将文学视为圣殿的唯美派便指责《子夜》形象的苍白和说教气。意见可分为两大类：否定与肯定。季羡林属于前者，而吴组缃属于后者。但他们的争论有一点是共同的，他们都希望文学能成为真正的武器而为社会服务。因为那时的现代文学的主要内容就是反映和推进了新文化运动，也正是因了

"五四"以来的新文化运动,才使他们这些热血青年能够像现在这样在文学的殿堂里"挥斥方遒"。他们彼此辩论得很激烈,但辩论过后,又还是坐在一起,继续为下一个讨论内容辩论。争论以外,有时也把各自写的东西,诗歌,或者散文,凡是自以为得意之作都拿出来给大家看。而且是自己主动夸耀哪一句是神来之笔,哪一段是"前无古人,后无来者",一点也不脸红。正因为一切是出自少年真情,便做得自然可爱,成为一段最为珍惜的记忆。

也就是在这段时间里,季羡林开始在课余时间写一些散文。当时的教授中,有一位先生是一点架子也没有的,这就是西谛先生。他不但没有教授的架子,自己也像一个大孩子一样,说话非常坦率,有什么想法就与一帮文学青年交谈讨论,于是这帮傲气十足的学生便送了他一个雅称:宋江式的人物。西谛先生当时正同巴金、靳以主编一个大型的文学刊物《文学季刊》,按照惯例是要找些名人来当主编或编委,这样可以给刊物镀上一层金,以增加号召力量。但他找了几个以后,却将眼光放到这些寂寂无闻却前途无量的小字辈身上。清华园这一届文学青年里,有的当上了主编,有的当上特别撰稿人。季羡林看到自己的名字煌煌然印在杂志的封面上,心中的高兴真是无法形容。

这期间,季羡林写了一些散文,其中一篇散文《年》,很得学校教授们的赏识,尤其是叶公超先生。他非常欣赏这篇散文,他评论说:"你写的不仅仅是个人的感受,而是'普遍的意识'。"他还特别推荐这篇散文发表在《学文》杂志上。这篇散文,反映了年轻

的季羡林思想里就有一种本能的哲学意识。文章写得很美,也极富哲理性:

> 年,像淡烟,又像远山的晴岚。我们握不着,也看不到。当它走来的时候,只在我们的心头轻轻地一拂,我们就知道:年来了。但究竟什么是年呢?却没有人能说得清了。

作者在文章里用了一个很有寓意的比喻来形容他理解的人生之年:

> 当我们沿着一条大路走着的时候,遥望着路茫茫,花样似乎很多。但是,乃至走上前去,身临切近,却正如向水里扑自己的影子,捉到的只有空虚。更遥望前路,仍然渺茫得很。这时,我们往往要回头看看的。其实,回头看,随时都可以。但是我们却不。最常引起我们回头看的,是当我们走到一个路上的界石的时候。说界石,实在没有什么石。只不过在我们心上有那么一点痕迹。痕迹自然很虚缥。所以不易说。但倘若不管易说不易说,说了出来的话,就是年。

最后,作者以一种宿命的观点对时间的无常和无奈做了总结:

> 当我们还没有达到以前,脚下又正在踏着一块界石的时

候,我们命定的只能向前看,或向后看。向后看,灰蒙蒙,不新奇了。向前看,灰蒙蒙,更不新奇了,然而,我们可以做梦。再要问,我们要做什么样的梦呢?谁知道———一切都交给命运去安排吧。

应该说,对一个二十几岁的青年,能够写出这样富有哲理的生命散文,的确是表现出了不凡的才华,并显示了季羡林的文章在年轻时代就有了自己的特色。但散文的最后一句话——"一切都交给命运去安排吧",却被当时的左派刊物抓了辫子,嘲笑季羡林的散文是发出了没落的教授阶级垂死的哀鸣。这倒从另一个方面抬举了季羡林,他当时还仅是一个穷学生,每月仅6元的伙食费,怎么会发出教授阶层的哀鸣呢?只能说,季羡林的文笔和人生感悟,让人误以为是老教授罢了。但这些最初的散文,却是引领着季羡林走向文学殿堂的楔子。

在清华园的学习中,季羡林轻松读完了西洋文学系所有的必修课程,但他觉得从这些专业课里所得的收获并不大。虽然欧洲著名作家的名作,如莎士比亚、歌德、塞万提斯、莫里哀、但丁等大作家的著作,他都读过,甚至一些深奥难懂的长篇巨著如《尤里西斯》《追忆似水年华》等也都读过,然而大都是浮光掠影,并不深入。反而是一些选修课或旁听课,给他的印象更深刻,尤其是陈寅恪先生的"佛经翻译文学"和朱光潜先生的"文艺心理学",对季羡林的影响最大。

在清华大学的四年，是季羡林求学生活中最快乐的四年。他在以后的回忆文章中写道："在清华的四年生活，是我一生中最难忘、最愉快的四年。在那时候，我们国家民族正处在危急存亡的关头，清华园也不可能成为世外桃源。但是园子内的生活始终是生气勃勃的，充满了活力的。民主的气氛，科学的传统，始终占着主导的地位。我同广大的清华校友一样，现在所以有这一点点知识，难道不就是在清华园中打下的基础吗？"

（三）远走高飞

路再长也有转弯的时候。四年很快就要结束了。快到毕业时，对前途和未来的担忧深深困扰着季羡林。当时有两句话："毕业即失业""要努力抱一只饭碗"。作为一个穷学生，季羡林既没有丰厚的家产供他出洋镀金，又没有后门找到一份像样的工作，唯一的希望就是能够得到教授们的赏识，多学一些知识。当然，季羡林心存的一个愿望，就是到国外留学。不光是为了能到国外开开眼界，增长知识和见识，也因为在当时如果一个人能出国一趟，就被称为"镀金"，一回国便会身价百倍，金光闪烁，好多地方便会抢着要他，成了"抢手货"，工作自然就没有问题了。

去留学，一般是走两条路：一条是私费，一条是官费。前者只有富商、显宦的子女才能办到。对家庭贫寒的季羡林来说，这一条路是连想也不用想的。另一条路便是官费，如留英庚款、留美庚款之类和各省举办的会考。这种官费留学的名额极少，只有一两个，在芸芸学子中，走这条路好比是骆驼钻针眼，困难至极。季羡林就亲眼看见一名考生在得知别人考上而自己没有考上时，浑身发抖，眼直口呆，满面流汗，如遇灭顶之灾的场面。对此，季羡林也只有心存热念而已，一时并无出路。

四年的大学生涯，季羡林虽说不上学贯中西，但也满腹经纶，博古通今。即使如此，在严峻的现实面前，他只能空怀一腔热血，等待着命运的安排了。

1934年秋，季羡林从清华园大学毕业。

虽然季羡林心存留学的梦想，但此时家中经济状况十分窘迫，一直供他读书的叔父已经失业，家庭实际破产了，正要等着这季家的唯一栋梁能撑起已经破败的家。恰逢此时，母校原省立济南高中的校长宋还吾先生要他回母校当国文教员，这对季羡林来说好像绝处逢生。

说起能被宋校长请来做国文教师，主要原因是因了季羡林在大学期间写的几篇散文，又发表在当时颇有权威性的报刊上。这就在家乡造成了很大的影响，认为季羡林是全国闻名的作家，而当时的逻辑是，只要是作家就能教国文。这对季羡林来说却是一道难题。因为他学的是西洋文学，满脑袋歌德、莎士比亚，一旦换为屈原、杜甫，能换得过来吗？但马上就是秋天了，工作也没有找好，思来想去，季羡林只得横下一条心，你敢请我，我就敢去。

1934年秋天，季羡林回到母校教国文。当年他只有23岁，而他教的学生中，有的比他大三四岁，还在家乡读过私塾。季羡林自己感觉是如履薄冰。开始了自己提心吊胆的教书生涯。

济南高中，在当时是全山东唯一的一所高级中学。做国文教员，待遇丰厚。每月约有160块大洋，是大学助教的一倍，约合现在的人民币3000多元，是很有些吸引力的。为此季羡林也要付出代价，至少在心理上是忐忑不安的。好在他国学底子深厚，在大学期间旁听了不少国学课，教高中，也能胜任。

来到学校以后，季羡林才知道宋校长聘请他的真正原因。当时的山东中学界，也有激烈的抢夺饭碗的争斗，常常是一换校长，一大批教员也就被撤换。因为每一个校长身边，从教务长、总务长、训育主任到会计一应俱有，像一个独立王国。宋校长是北大派的首领，与当时的教育厅长何思源，是中学和大学同学，私交很好。这样，宋校长在中学教育界率领着北大派的浩荡大军，与师大派形成了两军对垒的局势。因此，他很需要另一种力量来支持，这种力量必须是客观的，是两派都不参与的力量，这样才能显示出北大派的威望。于是，他自然就选上了超然于两派之外的清华大学毕业的高才生季羡林。他请季羡林当国文教员，一方面是看中了他当时的所谓作家的名气，另一方面是要季羡林来壮他声势的。他授意季羡林组织高中毕业同学会，以扩大宋的阵容。季羡林尽管为人老实谨慎，循规蹈矩，但对宋校长的一番心思还是能明白的。但也只能是明白而已，对季羡林来说，他天生就不是社会活动家，他不会吹牛拍马，更不会陪达官贵人的太太打麻将，同学会自然没有组织起来。于是，宋校长就对别人说："羡林很安静。"

"安静"一词，用在季羡林身上，境界全出。这不但道出了季羡林的性格，也反映了季羡林的品德。"安静"并非是榆木一块，而是静水流深，是能容纳千川万壑的胸怀，这是日月入怀、风波不起的安静。对一个年轻人，尤其是对一个才华横溢的文学青年来说，能做到不卑不亢，宠辱不惊，安静做人，可谓是一个难能可贵的境界了。

当然，手中的饭碗暂时还是金贵的。他一个月收入颇丰，除了能用此弥补上学四年来对叔父家里的亏欠，还能剩不少钱可以买书，每周也能有财力约几位志同道合的同事出去吃吃小饭馆。当时，季羡林要教三个班，备课要顾三头，而且都是古典文学作品。尽管季羡林小时候念过一些《诗经》《楚辞》，但是时间隔了这样久，早已忘得差不多了。现在要教书，自己就要先弄懂。可是，真正弄懂又不是一件轻而易举的事情。现在教国文的同事都是季羡林从前的教员。他本来应该而且可以向他们请教，但根据季羡林的观察，现在他们之间的关系已经变了：不再是师生，而是饭碗的争夺者。在他们眼中，季羡林几乎是一个眼中钉。即使他请教他们，他们也不会告诉他的。于是，季羡林只好一个人单干。他日夜抱着一部《辞源》，加紧备课。有的典故查不到，就白天黑夜地绕室彷徨。此时的校园景色极美，正盛开着济南最常见的木槿花。在黑夜中，季羡林透过紧张而又厚重的夜幕，闻到了阵阵幽香，整个宇宙都静了下来，但只有季羡林一人还不能宁静。他觉得他仿佛被人间遗弃了，孤独、寂寞、无助，这使他很想大哭一场。

从外表上看，这一段中学教员的生活，好像神仙般的日子一样逍遥自在。而在季羡林的内心深处，情绪却很低沉。因为只有他才知道，在这平静生活的内里，是蕴藏着不稳定的因素的。他必须尽快在危机还没来临时就离开这里。对季羡林来说，离开学校的最佳选择就是出国。可是出国又谈何容易啊。年仅23岁的季羡林，理想是远大的。他常常面对着屋前枝叶繁茂花朵鲜艳的木槿花，面对小花园里的亭台假山，做着出国梦。他也不是想去镀金，而只是想去国外的知识海洋里遨游一番。对一个喜好读书的人来说，最大的心愿就是能到知识的殿堂徜徉。就这样，在"生年不满百，常怀千岁忧"的焦虑中，季羡林度过了安静教书却又提心吊胆的一年。

正在季羡林心急似火而又一筹莫展的时候，真是天赐良机，清华大学同德国学术交换处（DAAD）签订了一个合同：双方交换研究生，路费、制装费自己出，食宿费相互付给：中国每月30块大洋，德国120马克。条件虽不理想，但比官费留学好多了。季羡林听到这一消息，兴奋极了，对他来说，这就好像是一根救命稻草。他马上去报名，由于季羡林是主修德文，且四年的成绩全是优秀，自然很容易就通过了。

困难也摆在了季羡林面前，这就是他身后那个摇摇欲坠的家庭。本来，叔父婶婶已经年老体衰，又加之叔父的失业，还有一直默默在家吃苦耐劳的妻子和还在襁褓里的一双儿女，如果季羡林一走，全家的生活靠谁来支持呢？叔父是深明大义的。季羡林的学者生涯，一直得到叔父的支持和理解。这一次，叔父的支持更是起决定性作用的。他对季羡林说："我们咬咬牙，过上两年紧日子，只要饿不死，就能迎来胜利的曙光。"

季羡林是季家的长房长孙，光宗耀祖似乎就是他理当承担的责任。而他自己，也天生就是读书的材料。但是，白云苍狗，世事变迁。他身后留下的将是一个破败的家：老亲、少妻、年幼的子女。他既不知道前面将是怎样的命运在等待着他，又不知道离别后他身后的家又将有着一个怎样的命运。从前读的《别赋》，而今竟成了自己境地的真实写照："割慈忍爱，离邦去里，沥泣共诀，抆血相视。"

离别时，尽管眼里强忍着泪，季羡林还是把泉城家里的成员一一看过，好像要把他们印在脑海中，带着他们一道远涉重洋。叔父与婶母是衰老而又慈祥的，他们的眼里，永远对季羡林透露出善良而又纯朴的期待，他们把整个季家的希望都交与了季羡林，无论自己吃多少苦，都视同天经地义一般。妻子德华，贤良如母，虽然不是书香氤氲之才女，但从一进季家，就含辛茹苦，从不见有倦容怠意，永远都是顺从、娴静。此时的德华，已是有一双子女的母亲，但她对季羡林的出国留学，就如同当年她送他去北平上大学一样的平静。尽管她一如往常一样的娴静，季羡林仍旧看到了她布满血丝的双眼，眼圈微红微肿。他知道，德华的情感是藏在很深很深的内心深处；深到她自己也未必清楚。只有一双尚在年幼的儿女，还不懂什么叫离别，却陡然更增加离别人的牵肠挂肚。

而此时，家中发生的另一件事，也促使季羡林想要尽快离开这个老式家庭。这时季羡林的婶婶得病去世了,季羡林的叔父将很快续娶第二位婶婶。这使季羡林本来就忧郁的心情更加压抑。这种心情是非常复杂的,主要是对叔父很快续娶表示不满,于是在叔父的婚礼举行之前便离开了济南。

季羡林觉得沉闷的胸腔里注满了离情别绪,不敢再仔细看他们一眼,扭头便上了洋车。眼前闪过的只有大门楼上残垣败瓦的影子,留给他自己的仅是寂寞和冷清。

回到学校,正值暑假,学生几乎都离校回家了。偌大的清华园,显得静悄悄的,周围的自然风光更加旖旎。高树蔽天,浓荫匝地,花开绿丛,蝉鸣高枝,荷塘里的荷花百分之百地在开放,西山的紫气仍旧变幻绝奇。良宵美景,只能更加衬托出他的寂寞和冷清。看着这一切仍旧美丽的景致,季羡林心中感慨万千。仅仅在一年前,他还是学生的时候,就在这风景如画的校园里,他与他的年轻伙伴们,或临风朗读,或月下抒怀,对未来对人生充满了理想。想当初,那时的最高理想就是出国留学。而事隔一年,物是人非,只剩下季羡林一个人茕茕孑立,形影相吊。这使季羡林更有一种断肠人独在天涯的寂寞苍凉感。他伤感地想到,今天他还在这清华园中缅怀故交,不知明天的路途是如何艰难。是的,前途好像是鹏程万里,但那总归是到异乡漂泊。一切未卜。好在用这里的空闲时间,他还可以访问一些老师。

季羡林首先拜访了冯友兰先生,因为据说同德国方面签订合同,就是由于冯先生的斡旋。他也拜见了蒋廷黻先生,蒋先生告知季羡林，德国是法西斯国家，在那里一定要小心行事，谨言慎行，免得惹起麻烦。他还拜见了著名的诗人和学者闻一多先生。这是他第一次也是最后一次访问他心中最敬仰的人。他的诗品和人品一直是季羡林心仪并向往的，当时他们谈了很久，内容虽然很多，但有一点是季羡林一直铭记在心的，这便是闻一多先生的爱国赤心和诗人的浪漫情怀。

三、学海泛舟

（一）哥廷根之路

赴德国，在当时是一个漫长的路途。这是一个充满悬念的旅途，因为没有飞机，海路又绕远，唯一可行的路程就是走苏联西伯利亚大铁路。这一条万里征途，漫漫长路，要经过原始森林、茫茫草原和西伯利亚。这些路途上的遥远还不算什么，最麻烦的是这条路还充满了危险和你想象不到的困难。当时，日本军国主义分子在东三省建立了所谓的"满洲国"，这里充满了危险，搞不好就会被抓进大狱；过了"满洲国"就是苏联，这里又充满了困难，你无法想象和解决的困难。

经过漫长的旅途，终于到达了目的地柏林，心情的激动是可想而知的。因为，从某种意义上讲，柏林，是季羡林生命的新起点。面对新生命的起点，季羡林的心情可谓复杂至极，既有兴奋，又有好奇，还有些忐忑不安。毕竟，他是从一个还在革命中的并不发达的中国来到这欧洲的哲学之乡，文明高度发达的国度。置身于高楼林立的楼房中，漫步在几百年前就用漂亮的石块铺就的街道上，季羡林觉得自己宛如大海中的一滴水。对于季羡林来说，到德国，最要紧的事情是念书。要念好德国的书，对德语的要求便更高了。以前在清华园学的德语，是只能认而张不开口，因此，到德国上的第一课，就是要学会张嘴讲德语。季羡林经远东协会的林德和罗哈尔博士的热心协助，被安排在柏林大学外国留学生德语班的最高班做学生。于是，季羡林便成了一名柏林大学的学生，天天去上课。

教德语口语的教授名叫赫姆，是一个非常优秀的教师，季羡林从他身上受益匪浅。他的发音清晰，讲解透彻。听他的讲课，简直是一种享受，甚至达到了一种神秘的程度。季羡林在自己的日记中这样写道：

> 教授名 Hohm，真讲得太好了，好到不能说，我这是第一次听德文讲书，然而没有一句不能懂，并不是我的听的能力大，只是他说得太清楚了。

在柏林学德语口语时，季羡林的好朋友是后来在中国外交界著名的"乔老爷"乔冠华。他上课的时候，总是和乔冠华在一起，每天乘城内火车到大学去上课，乐此不疲。在清华大学时，乔冠华比季羡林高两级，所以虽然认识，但并不是很熟悉。而且在学校时，乔冠华经常腋下夹一册又厚又大的德文版《黑格尔全集》，昂首阔步，旁若无人，谁都知道他是一个高傲的才子。到柏林以后，他们成为同班同学，又天天在一起，形影不离，可以说是他乡故友。他们共同上课、吃饭、访友、游玩婉湖和动物园。乔冠华经常去逛旧书铺，仍旧像书呆子一样热衷于淘好书。他与季羡林有同一业余爱好，就是中国古典文学。有时两人下课后，就凑到一起讨论古典文学，兴致大时可以谈到黑夜，季羡林就干脆住在老学长那里。除了乔冠华，季羡林几乎不与其他留学生来往，因为没有共同的爱好，一切好像都格格不入。

这是事实，也是当时中国留学生的一个特点。虽然当时留学生为数并不少，但有质量、有素质、真正要来学知识的却并不多。尤其是一些有权有势人家的子女，几乎都聚集在柏林。蒋介石、宋子文、孔祥熙、冯玉祥等国民党大官，也都把自己的子女纷纷送到德国。因为这里有吃、有喝、有乐，既不用上学听课，也用不着说德语。其中有相当一部分留德学生，只需要会句简单的德语，就能够供几年用。他们早晨起来，见到房东，说一声"早安！"就甩手离家，到一个中国饭馆去，有人侍候着洗脸、吃饭，再凑上几圈麻将，就到了吃午饭的时间。午饭后，再约到一起出门游玩，相约的都是国内的纨绔子弟，玩到晚饭时间再回饭馆，直至深夜回公寓，见到房东，说一声"晚安"，一天就过去了。如果再学上一句"谢谢！"加上一句"再见"，就完全够用了，这样的留学生，自然与季羡林、乔冠华等真正求学的人是格格不入了。

德国学术交换处的魏娜,一开始打算派季羡林去东普鲁士的哥尼斯堡大学,德国最伟大的古典哲学家康德就曾在这里担任教授。季羡林觉得这里较偏,且人生地疏,于是,几经磋商,又改派他到哥廷根大学,季羡林同意了。他自己也没有想到,当年他选择了哥廷根,实际上就是选择了自己的未来。正如他的老师吴宓先生的两句诗所描绘的:"世事纷纭果造因,错疑微似便成真。"事实正是如此,这当初的选择,竟使季羡林一住就是10年,哥廷根几乎成了他的第二故乡。

季羡林于1935年10月31日,从柏林到了哥廷根。

哥廷根是德国的一个小城,人口只有10万,而来来往往的大学生有时会达到两三万人,是一个典型的大学城。大学已有几百年的历史,德国学术史和文学史上许多显赫的名字,都与这所大学有关,以他们名字命名的街道,也俯拾皆是,使你一进城,就感到洋溢全城的文化气和学术气,好像是一个学术乐园,文化净土。

哥廷根的风景之秀丽是闻名德国的,它的东南是郁郁葱葱的山林,一年四季,绿草如茵。即使到了冬天,下了大雪,绿草埋在白雪下,依然是翠绿如春。此地冬暖夏凉,微风和煦。全城一尘不染,天天都像被雨水冲洗过一样清新、洁净。更有壮观者,家庭主妇用肥皂刷洗人行道已是哥廷根一大风景。在城市的中心,楼房大多是中世纪的石头建筑,至少有四五层,更给人以隔世的古朴感。人们置身其中,仿佛回到了中世纪。古代的城墙不仅完整地保留着,上面还长满了参天的橡树,这对从荷尔德林诗歌中就喜欢上了橡树的季羡林来说，无疑是充满惊喜的。在哥廷根留学的10年时间里，他常常到古城墙上散步。在橡树的浓荫里，周围静寂无声，一个人静坐在此，沉思默想，是季羡林在哥廷根生活中最有诗意的一件事。

刚到哥廷根，人地生疏，在老学长的安排下，一去就找到住房。房东姓欧朴尔，老夫妇俩，只有一个儿子，儿子大了，到外地上大学去了，便把儿子的房间租给了季羡林。男房东是一个典型的德国人，是市政府的一名工程师，老实而不爱说话。女房东也是一个典型的德国家庭妇女，受过中等教育，50多岁，能欣赏德国文学，喜欢德国古典音乐，趣味偏于保守，一提到爵士乐，就满脸鄙夷的神气，冷笑不止。她有德国妇女的一切优点：善良、正直，能体贴人，有同情心，这也最集中地表现出了德国小市民安于现状的特点。

这里，季羡林的一则日记可以看出他初到哥廷根的心境：

终于又来到哥廷根了。这以后，在不安定的漂泊生活里会有一段比较长一点的安定的生活。我平常是喜欢做梦的，而且我还自己把梦涂上种种的彩色。最初我做到德国来的梦，德国是我的天堂，是我的理想国。我幻想德国有金黄色的阳光，有Wahrheit（真），有Schonheit（美），我终于把梦捉住了。我到了德国。然而得到的是失望和空虚。我的一切希望都泡影似的幻化了去。然而，立刻又有新的梦浮起来。我梦想，我在哥廷根,在这比较长一点的安定的生活里,我能读一点书,读点古代有过光荣而这光荣将永远不会消灭的文字。现在又终于到了哥廷根了。我不知道我能不能捉住这梦。其实又有谁能知道呢?

从日记中可以看出,季羡林的梦想,就是能读一点书,读点古代有过光荣而这光荣将永远不会消灭的文字。而正是这一奇特的梦想,将季羡林引向了一个他今后要走到底的艰难而又辉煌的道路。

这条路,就是学习梵文。这是季羡林在德国找到的道路,也是季羡林以后所走的主要的道路。当然,这是与哥廷根大学分不开的。

可以说,哥廷根之所以成为哥廷根,是因为这里有一座哥廷根大学。这所大学创建于中世纪,至今已有几百年的历史,是欧洲较为古老的大学之一,它共有5个学院:哲学院、理学院、法学院、神学院、医学院。它并没有统一的教学大楼,统一的建筑,而是将各个学院分布在全城的各个角落。研究所就更分散了,在哥廷根的各个街道上,到处都可见到大学的研究所在其间。学生宿舍就更是分散了,小部分学生住在各学生会中,绝大部分学生都是住在老百姓家里,就像季羡林这样,寄住在城里的市民家。

学校里有一个行政中心叫 AULA,楼下是教学和行政部门,楼上就是哥廷根科学院,文法学科上课的地方有两个,一个叫大讲堂,一个叫研究班大楼。最有意思的是哥廷根的白天,一群一群的学生到市里的各个角落去上课，在大街上来来往往，串来串去，很是热闹。这座大学出过许多名人，如德国最伟大的数学家高斯等。从19世纪末起，这里就是公认的世界数学中心。文科教授的阵容也很强大。在德国文学中和学术史上占有重要地位的格林兄弟，都在哥廷根大学里待过。他们的童话流行全世界，在中国也是家喻户晓。

在这样一座迷宫一样的大学里，要找到有关机构，找到上课的地方，是很不容易的。如果没有人引路，没有人协助，很容易迷失方向。幸运的季羡林，在这里遇到了一位引路人，这人就是章用。

章用的父亲是在中国赫赫有名的章士钊。他虽然是出身于名门世家，但与季羡林在柏林见到的那些富家子弟绝对不一样，一点纨绔的习气也没有。而且，在他身上，还有季羡林极为欣赏的孤高自赏的书卷气。他家学渊源，对中国古典文学有很深的造诣，能写古文，赋旧诗。而他本人最最偏爱的却是数学，于是来到哥廷根这所世界数学中心，攻读博士学位。季羡林来时，章用的母亲吴若男，当年孙中山的秘书，正陪着儿子在此念书。

经朋友介绍，季羡林与章用得以认识，两人一见如故，情投意合。章用送过季羡林一首诗，是特意为他而作的：

空谷足音一识君
相期诗伯苦相薰
体裁新旧同尝试

胎息中西沐见闻
胸宿赋才徕物与
气嘘大笔发清芬
千金敝帚孰轻重
后世凭猜定小文

　　就连章用的母亲也对季羡林说:"你来了以后,章用简直就像变了一个人。他平常绝对是不去拜访人的,现在一到你家,就老是不回来。"季羡林刚到大学里的所有困难和疑惑,都是由章用帮助解决的。比如奔波全城,到大学教务处,到研究所,到市政府,到医生家里,注册选课,办理手续,一切都是靠章用引领。他穿着一身玄色的旧大衣,摇动着瘦削不高的身躯,陪着初到哥城的季羡林到处走,似江湖中的义气好汉。

　　但此时,季羡林虽然熟悉了哥廷根的道路,而自己未来的道路却还没有找到。尽管他有一种隐隐约约想要学习古代文字的想法,但并不成形。同章用谈起此事时,他认为最好只读希腊文。如果按季羡林以前的打算,还要兼读拉丁文,恐怕两年的时间都读不完。他对季羡林讲,在德国中学里,一般学生要读 8 年拉丁文,6 年希腊文。文科中学毕业的学生,个个精通这两种欧洲古典语言。中国留学生是无法同他们在这方面竞争的。季羡林接受了章用的意见,第一学期选课,就以希腊文为主。

　　在德国上大学是非常自由的,你愿意读哪所大学就读哪所大学，没有入学考试这一说。而入学以后，你愿意入哪个系就入哪一个，愿意改系，随时都可以改；愿意选多少课，选什么课，悉听自便；学文科的可以选医学、神学的课，也可以只选一门课或选上10门课，都可以。上课时愿意上就上，不愿意上就走；迟到早退，一切自由。从来就没有课堂考试。有的课开课时需要教授签字，这就叫报到；有的结束时还需要教授签字，这就叫课程结束时的教授签字。此时教授与学生没有多少关系。这样，一般经过两三年的反复折腾，最终选中了自己满意的学校、科目后，这时才和教授接触，请求参加他的研究生班，经过一两个研究生班，师生互相了解了，教授才给博士论文题目。再经过几年努力写作，教授满意了，就举行论文口试答辩，及格后，就能拿到博士学位。这一切，都是教授说了算，院长、校长、部长都无权干涉教授的决定。如果一个学生不想做论文，也决没有人强迫他。只要自己有钱，便可以十年八年地念下去，做"永恒的学生"也不是不可能。这恐怕在全世界也是稀有的。

在哥廷根的第一学期，季羡林就是在这种自由的学习气氛下，学习了希腊文，另外又杂七杂八地选了许多课，每天上课6小时。其实季羡林的用意也很单纯，他只不过是想以此练习一下德语的听力。

在学习中，季羡林仍旧没有忘记坚持写日记的习惯，1935年12月5日的日记里写道：

上了课，RABBOW 的声音太低，我简直听不懂，他也不问我，如坐针毡。难过极了。下了课走回家来的时候，痛苦啃着我的心——我在哥廷根做的唯一的美丽的梦，就是学希腊文。然而，照今天的样子看来，学希腊文又成了一种绝大的痛苦。我岂不将要一无所成了吗？

这一时期，是季羡林在留学德国最困难的时期，因为他还没有最后找到自己的道路，忙于投石问路的时候是最难熬的时候。这期间，他还自学了一段拉丁文，最有趣的是，他自己居然还有了学古埃及文的想法。之所以这样着急，是因为他不想在德国混日子，他想学有所长，真正学到一点有用的东西。

这时，季羡林认识了一位学冶金学的中国留学生龙丕炎。他是主攻科技的，可不知为什么却学过两个学期的梵文。等季羡林来时，他已经不学了。就把自己用的一本梵语语法送给了季羡林。于是，季羡林便与章用谈起了他想学梵语的想法，章用非常支持他，鼓励他。季羡林的选择已经越来越明确了。他不断地在日记里说服自己，分析自己：

我又想到我终于非读 SANSKRIT（梵文）不行。中国文化受印度文化的影响太大了。我要对中印文化关系彻底研究一下，或能有所发明。在德国能把想学的几种文学学好，也就不虚此行了，尤其是 SANSKRIT，回国后再想学，不但没有那样的机会,也没有那样的人。

过了几天,他又写道:

> 我又想到SANSKRIT,我左想右想,觉得非学不行。

终于,他的信念坚定下来了,这是他关于学梵文的最后一篇日记,他写道:

> 仍然决定读SANSKRIT。自己兴趣之易变,使自己都有些吃惊了。决意读希腊文的时候,自己发誓而且希望,这次不要再变了,而且自己也坚信不会再变了。再变下去,会一无所成的。不知道SCHICKSAL(命运)可能允许我这次坚定我的信念吗?

这一次的选择终于没有落空。也许,正是因为当初选择的谨慎、痛苦、犹豫不决,才使后来的季羡林在学习这门稀有的课程时,投入了他最大的精力,乃至他的一生。

其实,哥廷根的确是学习梵文的好地方,也可以说是最理想的地方。不要说哥廷根的城市幽静、风光旖旎,很适合梵文的学习,哥廷根大学本身就有悠久的研究梵文和比较语言学的传统。19世纪上半叶研究《五卷书》的一个转译本《卡里来和迪木乃》的大家、比较文学史学的创建者本发伊就曾在这里任教,19世纪末弗朗茨·基尔霍恩在此地任梵文教授,等等,等等。一系列教梵文的泰斗都曾在哥廷根教授梵文。在季羡林留学时期,被印度学者誉为活着的最伟大的梵文家雅可布·瓦克尔纳格尔也曾在比较语言系任教。再加上大学里的图书馆,历史极久,规模极大,藏书极富,名声极高,特别是梵文的藏书更多,有些据说都是基尔霍恩从印度搜罗到的。这样学梵文的条件,是无与伦比的。

1936年春季开学的第一学期,季羡林便选学了梵文,也从此选定了他治学的道路。

(二)冬天里的春天

季羡林在哥廷根大学找到了自己的学业道路,就使他的留学生活逐步走上了正轨。从1936年春季开学的那一个学期,季羡林选了梵文作为他的主课。4月2日,他到高斯–韦伯楼东方研究所去上第一课。

这是一座非常古老的德国建筑。它是历史的见证,许多著名的科学家的事迹都是在这里发生的,如当年大数学家高斯和大物理学家韦伯试验他们发明的电报,就是在这座房子里,因而这也是一座世界闻名的科学楼。这座楼的楼下是埃及学研究所,巴比伦、亚述、阿拉伯文研究所都在此。楼上是斯拉夫语、波斯语、土耳其语和梵文研究所。季羡林的梵文课就在此上。

这也是瓦尔德施米特教授第一次上课,是季羡林第一次与他见面。教授看起来非常年轻,但他却是研究新疆出土的梵文佛典残卷的专家,在世界梵文学界很有名气。这堂课只有季羡林一位学生,而且还是外国学生,可见梵文的难学。虽然只有一个学生,教授仍然认真严肃地讲课,一直讲到下午4点才下课。值得庆幸的是,梵文所里的书和资料很多,对一个初学者来说,简直是应有尽有。最珍贵的是奥尔登堡的那一套上百册的德国和世界各国梵文学者寄给这里的论文集,分门别类,语言各异,这给初学者带来了极大的方便。在图书馆的一面墙上,有大大小小的镜框,上面都是德国梵文学家的照片,有三四十人之多。从这里可以看出德国梵学之盛,也是德国学界的骄傲。

在这样一个梵学气氛很浓的研究所上课,季羡林的收获自然是可想而知了。从此他天天到这个研究所来,生活变得很有规律。学业上的苦恼解决了以后,跟随而来的却是每一个海外游子都要遇到的问题,这就是怀念母亲。

母亲,对一个远涉重洋的留学生来说,她是双层含义。一个是肉身的母亲,一个是祖国母亲。两个母亲融为一体,形成了一个心念,就是想家。对季羡林来说,对母亲的怀念就更强烈了。他比一般人都要早离开自己的母亲。对母亲的思念,已经深入到季羡林的血液里,一个没有母亲的世界,对于季羡林来说,诸事不欢,这是季羡林的永久的思念。在异国他乡,当留学生活稍微安顿下来以后,母亲的影子就时不时来到季羡林的梦乡。这时的母亲,已然与祖国母亲的身影重叠于一起。他把他的思念,如实地记在日记里。

1935年11月16日，季羡林在日记中写道：

不久外面就黑起来了。我觉得这黄昏的时候最有意思。我不开灯，只沉默地站在窗前，看暗夜渐渐织上天空，织上对面的屋顶。一切都沉在朦胧的薄暗中。我的心往往在沉静到不能再沉静的氛围里，活动起来。这活动是轻微的，我简直不知道有这样的活动。我想到故乡，想到故乡的老朋友，心里有点酸酸的，有点凄凉。然而这凄凉却并不同普通的凄凉一样，是甜蜜的，浓浓的，有说不出的味道，浓浓地糊在心头。

11月18日：

从好几天以前，房东太太就向我说，她的儿子今天回家来，从学校回家来，她高兴得不得了……但儿子只是不来，她的神色有点沮丧。她又说，晚上还有一趟车，说不定他会来的。我看了她的神气，想到在故乡地下卧着的母亲，我真想哭！我现在才知道，古今中外的母亲都是一样的！

11月28日：

我现在还真的想家，想故国，想故国里的朋友。我有时简直想得不能忍耐。

11月28日：

我仰在沙发上，听风声在窗外过路。风里夹着雨。天色阴得如黑夜。心里思潮起伏，又想到故国了。

12月6日：

近几天来，心情安定多了。以前我真觉得两年太长；同时，在这里无论衣食住行哪一方面都感到不舒服，所以这两年简直似乎无论如何也忍受不下来了。

这一时期的日记，季羡林几乎都是记的思念祖国、思念母亲之情。写一写，他感觉在感情上能释放一些，否则，他真的会做出什么事情来。从本质上来说，季羡林仍旧是一个性情中人，他内向的性格，和敏感多思的禀性，使他越来越喜欢上了用笔来表达自己的感情。

在哥廷根，季羡林总是把自己埋在一堆古文字堆里，在这里他得到了精神的享受和陶冶。在学术之外，他没有喜好的东西。他虽然原定只能学习两年，但仍旧做好了参加博士考试的准备。根据规定，考博士必须要读三个系，一个主系，两个副系。季羡林选的主系是梵文、巴利文等所谓的印度学，这是没有什么可犹豫的。问题是两个副系,到底是选什么系,倒是颇费斟酌。因为这里面有个结。就是还在国内的"留学热"刚兴盛时,季羡林就立下大誓,决不写有关中国的博士论文。因为鲁迅先生就曾经批评过一种留学生,他们在国外用老子和庄子谋得了博士头衔令洋人大吃一惊;然而回国后讲的却是康德、黑格尔。季羡林对这种留学生自然是非常鄙薄,下决心不步他们后尘。经过再三考虑,最后选定了学英国语言学和斯拉夫语言学。还加学了一门南斯拉夫文。

斯拉夫语研究所也在高斯-韦伯楼里。这样季羡林就可以一整天待在大楼里,学完了主系学副系。到第三学期的时候,原本只有季羡林一个人学习的梵文课上又增加了两名学生,一个是历史系的学生,一个是乡村的牧师。但那位历史系的学生却始终没有征服梵文,没有跳过这座龙门。而季羡林在开始的时候学起来也很吃力,因为这毕竟是世界上已知的语言中语法最复杂的古代语言,其形态变化丰富,同汉语截然相反。这门学问是要做冷板凳的,没有坚韧的毅力,很难拿下这个枯燥的学问。而季羡林的性情,恰好适合坐这个冷板凳,除了治学,除了在学问的海洋里探索,他别无旁骛。

1937年很快就到了。留德学生的交换期也满了,是应该回国的时候了。就在此时,中国进入了历史性的灾难时期,抗日战争爆发了。日本侵略军的铁蹄步步侵入中国内地。"七七"事变以后,季羡林的老家山东也被日军侵占,回家的路,被切断了。

就在这时,哥廷根大学汉学研究所的所长哈隆教授听说了季羡林交换期满的消息,便主动找到他,问他愿不愿意留下来。正愁没有退路的季羡林，得到此邀请，自然是喜出望外。于是交换期一满，季羡林就立即受命为汉文讲师，成为汉学研究所的工作人员。

哈隆教授年纪比季羡林要年长 20 岁，他为人亲切和蔼，没有一点教授的严厉的架子。到汉学研究所后，季羡林仍然是梵文研究所的博士生，仍然天天到高斯-韦伯楼去学习。那里仍旧是他的据点。但到了讲授汉文课时，他就要到汉文研究所去，这样便有了同哈隆教授及其夫人接触的机会。他与哈隆教授谈话很投机，几乎成了忘年交。哈隆教授虽然不会说汉语，但有很深厚的汉学基础。他对中国古代文献，如《老子》《庄子》之类，都有很深的造诣，而甲骨文尤其是他的拿手好戏，讲起来头头是道，还有一些精辟的见解。他还钻研古代西域史地，其名作《月氏考》在国际上也很有名。正是因为哈隆教授在国际上的名声，他同许多国家的权威汉学家都有来往。又由于哥廷根大学汉学研究所藏书的丰富，所以招徕了不少外国汉学家来此看书。季羡林在这座汉学研究所里，就见过许多著名的汉学家，如英国汉学家阿瑟·韦利、德国汉学家奥托·冯·梅兴·黑尔芬等，后者对中国明朝的制漆业很有研究。后来，哈隆教授离开德国到英国剑桥大学去任汉学教授。临行前，季羡林在一家餐馆里为哈隆教授送行，哈隆教授以极其低沉的声调告诉季羡林，说他在哥廷根这么多年，真正的朋友只有季羡林他们两位留学生而已。说此话时，泪水就在教授的眼里闪动着，季羡林完全能够体会教授去国离家的心情。

周围的世界每天都有新的变动，希特勒的侵略本性也越来越猖狂了。如果你多关心一下时局，你就会不知不觉地得上精神病。因为到处都有希特勒自己编造的不能自圆其说的谎言。正如季羡林在这一时期的日记里所写的："住下去，恐怕不久就会进疯人院了。"但就是这样，季羡林仍旧坚持着自己的学业。他的三个选系的学习都很顺利。从第五学期开始，他就进入了真正的讨论班了。这时要读中国新疆吐鲁番出土的梵文佛经残卷，这是教授的拿手好戏，他的老师及他自己都是这方面的权威。第六学期开始，教授便与季羡林商量博士论文的题目，最后定为研究《大事》偈陀部分的动词变化。从此季羡林的所有注意力便都集中在那三大厚本的《大事》上面。

第二次世界大战爆发后不久，教授被征从军。于是，已经退休的西克教授，以垂暮之年，出来代替他上课。西克教授更是一个尽责的教授，第一天上课他就对季羡林郑重宣布：他要把自己毕生最专长的学问，统统地毫无保留地传授给季羡林，一个是《梨俱吠陀》，一个是印度古典语法《大疏》，一个是《十王子传》，最后是吐火罗文，他是读通了吐火罗文的世界级大师。于是，季羡林又师从了一位诲人不倦的教授。

现在的问题是做博士论文。教授看学生的能力是否能获得博士头衔，也主要是通过论文。德国大学对论文的要求十分严格，题目虽然都不大，但必须有新东西，才能通过。季羡林的论文题目是早已定下来了:《〈大事〉偈颂中的限定动词的变位》。到了1940年，论文已经基本写好了。瓦尔德施米特从军期间，是西克教授指导。

帮助季羡林打字的是迈耶家的大女儿伊姆加德，这是一位非常美丽的德国姑娘。因为季羡林不会打字，又没有打字机，就只得求助于这位德国姑娘。论文打完后，季羡林便把论文交给了文学院长戴希格雷贝尔教授。按德国的规矩，院长安排口试的日期，而院长则是由最年轻的正教授来担任。

就在紧张的留学生活中，也就是这位美丽的伊姆加德姑娘，给季羡林枯燥的学术研究生活带来了一抹亮色。她就像冬天里的一把火，温暖了在情感的冷冬里寂寞的季羡林，就如春天悄悄地来到他的心田。

季羡林因为需要伊姆加德为他打论文，便与这位德国姑娘有了亲密的接触。季羡林当时也不过三十上下，文质彬彬，身材颀长，两个人正是年轻的好时光，因为一起工作而产生感情是再正常不过的。季羡林和伊姆加德还常常一起去林中散步，去电影院看电影，去商店里买东西。季羡林和伊姆加德小姐之间的恋情，周围的一般人也能看出来。人非草木，孰能无情。太阳底下并无新鲜事情，倒是故事中的男主角季羡林总是忧郁不安。虽然每次见面，两人彼此都沉浸在幸福之中。伊姆加德美丽的姿容，嫣然的笑容，使还没有体会到爱情含义的季羡林怦然心动，季羡林初次尝到了爱情的滋味。但是，每当季羡林回到寓所，内心便十分痛苦。季羡林是一个自律性很强的年轻学人，他对自己的旧式婚姻都能逆来顺受，又怎么能够突破心理障碍去迎接新的感情。他连自己都说服不了，又如何想象将来所要面对的亲人与故友。季羡林的内心既兴奋又痛苦，既幸福又挣扎。本来就是为了逃避情感的不自由，却又遇到了感情的重新选择。季羡林在每一个与伊姆加德约会结束后的晚上，都是辗转一夜，不能释怀。但是，季羡林仍旧是季羡林，18 岁的奉旨成婚都能遵守，他求学于西方的初衷也不会改变。也不能改变。经过慎重考虑，季羡林还是决定把这扇已经打开的爱情之门关起来。他克制了自己的感情，理智地处理了他与伊姆加德的感情。虽然他对自己的那个家并不留恋。回去，就等于自己重新跳进了情感的牢笼，但这个牢笼他不得不入。当然，这种选择令人伤怀，不仅是对理性超强的季羡林是一个终生难忘的遗憾，对美丽的德国小姐伊姆加德来说，也同样是感情的悲剧。据说伊姆加德小姐终生未嫁，很难说不是因为这一场没有结果的爱情使然。

这场悲剧在季羡林的《留德十年》里有过真实的记录：

在这样的情况下，我离开迈耶一家，离开伊姆加德，心里是什么滋味，完全可以想象。1945 年 9 月 24 日，我在日记里写道：吃过晚饭，7 点半到 Meyer 家去。同 Irmgard 打字。她劝我不离开德国。她今天晚上特别活泼可爱。我真有点舍不得离开她。但又有什么办法？像我这样的一个人不配爱她这样一个美丽的女孩子。

同年 10 月 2 日，我在离开哥廷根的前四天，我在日记里写道：回到家来，吃过午饭，校阅稿子。3 点到 Meyer 家，把稿子打完。Irmgard 只是依依不舍，令我不知怎样好。

日记是当时的真实记录,不是我今天的回想;是代表我当时的感情,不是今天的感情。我就是怀着这样的感情离开迈耶一家,离开伊姆加德的。到了瑞士,我同她通过几次信,回国以后,就断了音讯。说我不想她,那不是真话。1983年,我回到哥廷根时,曾打听过她,当然是杳如黄鹤。如果她还留在人间的话,恐怕也将近古稀之年了。而今我已垂垂老矣。世界上还能想到她的人恐怕不会太多。等到我不能想到她的时候,世界上能想到她的人,恐怕就没有了。

从季羡林的这段回忆来看,当年的情感不可谓不深,在垂垂老矣之际仍能怀念着年轻时的恋人,此情此意只有苍天可鉴。

后来,有好事者在读了季羡林的《留德十年》以后,被这段爱情故事所感动,曾经专门到哥廷根遍寻伊姆加德小姐的下落,最后终于找到了她。当然,此时的伊姆加德小姐,已如季羡林的回忆那样,垂垂老矣,虽然满头银发,然而风韵犹存。令人惋惜和伤感的是,伊姆加德小姐,终生未嫁,独身至今,而一台老式的打字机依然静静地放在桌子上。

季羡林在这段珍贵的情感面前采取的是掩埋自己的情感,独自背负着情感的十字架,像鲁迅先生笔下的独行者一样,独步走着人生的道路,他专心研学,不问家事,像一个没有情感触角的老夫子一样,这也愈发从另一个极端看出这段感情对季羡林的伤痛是巨大的。

这是季羡林在德国的冬天里的春天,也是他的情感世界中的一朵浪漫的云霞,只是可惜过于短暂。

这段注定没有结果的情感,愈发激发了季羡林在学问上的孜孜以求。季羡林拿到博士论文题目后,用了3年时间,搜集资料,写成卡片,又到处搜寻有关图书,翻阅书籍和杂志,看了总计有100多种书刊。然后再整理资料,使之条理化、系统化,写出提纲,最后写成文章。

1940年12月23日,是季羡林博士论文的口试时间。这一天,他的日记详细地记录了他口试的情况:

早晨5点就醒来。心里只是想到口试,再也睡不着。7点起来,吃过早点,又胡乱看了一阵书,心里极慌。

9点半到大学办公处去。走在路上,像待决的囚徒。10点多开始口试。瓦尔德施米特教授先问,只有戴希格雷贝尔教授坐在旁边。布劳恩教授随后才去。主科进行得异常顺利。但当布劳恩教授开始问的时候,他让我预备的全没问到。我心里大慌,他的问题极简单,简直都是常识。但我还不能思维,颇呈慌张之相。

12点下来,心里极难过。此时,及格不及格倒不成问题了。

第二天的日记,是这样记的:

心绪极乱。自己的论文不但 Prof. Sieg、Prof. Waldschmidt 认为极好，就连 Prof. Krause 也认为难得，满以为可以做一个极好的考试；但昨天俄文口试实在不佳。我所知道的他全不问，问的全非我所预备的。到现在想起来，心里还极难过。

但到了晚上，则又是另一番情绪了：

7点前到 Prof. Waldschmidt 家去，他请我过节（指圣诞节）。飘着雪花，但不冷。走在路上，心里只是想到昨天考试的结果，我一定要问他一问。一进门，他就向我恭喜，说我的论文是 Sehrgut（优），印度学 Sehrgut，斯拉夫语言也是 Sehrgut。这实在出我意料，心里对 Prof. Braun 发生了无穷的感激。

他的儿子先拉提琴，随后吃饭。吃完把圣诞树上的蜡烛都点上，喝酒，吃点心，胡乱谈一气。10点半回家，心里仍然想到考试的事情。

后来，到了1941年2月19日，勒德尔教授病愈出院，补英文口试，瓦尔德施米特教授也参加了，季羡林又得了一个 Sehrgut（优）。这样，连论文加口试，总共得了4个 Sehrgut，4个优秀。季羡林圆了自己的梦：没有给中国人丢脸，并以此可以告慰日思夜想的祖国了，也可以告慰母亲的在天之灵了。

季羡林的博士论文，在当时的哥廷根大学颇引起了一点轰动。轰动主要来自克劳泽教授。他是一位蜚声世界的比较语言学家，是一位非凡的人物。因为他自幼双目失明，但有惊人的记忆力，全凭听力，几乎像照相机那样准确无误。他还能掌握几十种古今的语言，北欧的几种语言，他都能说。上课前，只需别人给他念一遍讲稿，他就能几乎是一字不差地讲上两个小时。他对季羡林的博士论文中关于语尾——matha 的一段附录，给予了极高的评价，因为据说在古希腊文中有类似的语尾，而这种偶合对研究印欧语系比较语言学有突破性的意义。

1941 年 1 月 14 日的日记里，季羡林是这样记的：

> 哈特曼去了。他先祝贺我的考试，又说：Prof. Krause 对我的论文赞不绝口，关于动词语尾——matha 简直可以说是一个重要的发现。他立刻抄了出来，说不定从这里还可以得到有趣的发明。这些话伯恩克小姐已经告诉过我。我虽然也觉得自己的论文并不坏，但并不以为有什么不得了。这样一来，自己也有点飘飘然起来了。

可以说，这是季羡林在留德 10 年中最辉煌的一段日子，也是他最重要的收获。而现在，多年的夙愿和梦想终于实现了，自然而然的，季羡林便想到了自己的家园。是的，"山川信美非吾土，漂泊天涯胡不归"。而比较巧合的是，1942 年德国政府又承认了南京汉奸汪伪政府，国民党政府的公使馆被迫撤离，撤到了瑞士。这使回国有了一线希望。季羡林经过仔细考虑，决定离开德国，先到瑞士去，再从那里想办法回国。

决心已下，季羡林便开始向周围的师友告别。大家自然都是依依不舍。尤其是季羡林的女房东。季羡林已经是她身边唯一的一个亲人，她几乎是拿季羡林当儿子来看待的。她丈夫去世的那一个深夜，也的确是季羡林像儿子一样跑到大街上去叩门找医生，回家后又伴她守护的。季羡林一向她提出要回国，五间大房子里就剩了她一个人，的确是够凄凉的。所以，一听到季羡林要走的消息，她简直是放声痛哭起来，季羡林也不由得热泪盈眶，毕竟，他们已经相处 7 年了。

留德 10 年，季羡林获得了学术上的巨大成功，也保留了内心深处的一块绿荫。心中有爱天地宽，学海无边苦作舟。季羡林去国 10 年，也到了归去的日子。

四、不刻意而高

（一）燕园新天地

回国后，季羡林应北京大学之聘，担任梵文讲座。

提到季羡林能到北大去任教，就不能不提到季羡林的恩师陈寅恪先生。陈寅恪先生不仅是季羡林的大学老师，也是季羡林走上佛学治学道路的引路人。季羡林当年在清华大学，就是上了陈寅恪先生的"佛经翻译文学"，而对佛经翻译及陈先生的治学方法产生了兴趣并受到终生影响。后来，季羡林到德国哥廷根学习梵文，其老师瓦尔德施米特教授，同陈寅恪先生在柏林大学是同学，同为吕德思教授的学生。严师出高徒，季羡林的两位中德老师都是出自一个名师的门下，季羡林能够一举获得博士学位，而且还是稀有语种的博士，就不难理解了。

1945年，法西斯垮台了，战争也结束了。在季羡林正要准备回国时，他意外听到陈寅恪先生就在英国治眼病。于是，季羡林便给陈先生写了一封长信，向先生汇报了他在德国10年来的学习情况，并将自己在哥廷根科学院刊及其他刊物上发表的一些论文寄给了先生。陈先生接到高足的来信自然很高兴，尤其是看到季羡林在海外取得了这样大的成绩更是激动，他马上给季羡林写了一封长信，信中也介绍了他的近况，并说不久就要回国。就在这封信中，他告诉了季羡林一个意外的好消息，就是他想向北大校长胡适、代校长傅斯年、文学院院长汤用彤几位先生介绍季羡林去做教授。季羡林听了自然是喜出望外，他连忙给陈先生写信，表示了自己的感谢和心愿。

回到北大，见到了老师郑振铎。季羡林能到北大教梵文的消息，郑振铎听了很是兴奋，认为季羡林到北大去讲梵文，简直是最理想的职业和最理想的地方。他对梵文学的喜好和重视也溢于言表。他仔细打量眼前这位昔日的学生，转眼间，那位生性有些腼腆、不爱说话的学生，已经成长为英俊、文雅的成年学人了。他欣赏的是季羡林的气质：温文尔雅中又透着一股执着。郑振铎先生非常兴奋，他在自己主办的杂志上专门开辟了一个"专号"，在"专号"的《题辞》中，他写道：

    关于梵文学和中国文学的血脉相通之处，新近的研究呈现了空前的辉煌。北京大学成立了东方语言文学系，季羡林先生和金克木先生几位都是对梵文学有深刻研究的……在这个"专号"里，我们邀约了王重民先生、季羡林先生、万斯年先生、戈宝权先生和其他几位先生们写这个"专题"。我们相信，这个工作一定会给国内许多做研究工作者们以相当的感奋的。

住下来没几天，季羡林又去拜见了汤用彤先生。按照北大当时的规定，从海外得到博士学位回国的人，只能任副教授，要经过几年的时间，才能转为正教授。因此季羡林也理所当然是副教授了。对此，季羡林没有半点异议，按照他的谦逊的禀性，就连副教授，他也认为是太重用他了。但还不到一个月，汤先生突然告诉季羡林，他已被聘为正教授，兼东方语言文学系的系主任。这对季羡林来说，真是意想不到。毕竟这是北大的破例第一遭，季羡林当时就有些自嘲地认为，当副教授时间如此之短，这大概是世界纪录了。高兴当然是高兴，但他更知道这是老一辈学者对后辈年轻学人的鼓励和提携。因为当时能用外语在国外一流刊物上发表学术文章的博士的确微乎其微,也就是因为这一点,季羡林才得到了破格的提升。

事业再成功,身后的家庭也不能忘记。季羡林荣归故里,必须对亲人有个交代。他从北京飞回济南,一进家门,物是人非,说不清的悲喜交加,讷于言词的季羡林几乎说不出话来。只见一位长相端正、麻利干练的中年妇女站在已经是衰老难辨的叔父身边。季羡林离家十余年,在战争期间又与家里失去了联系,对家里的情况所知甚少。只是知道,叔父是在他出国留学的那一年同新婶婶结婚的。看到这位中年妇女与叔父的关系以及与妻子德华的亲密,便知她就是那位麻利的婶婶了。

说到婶婶,经过几天与妻子德华、叔父的细聊,才知这十几年来他们受了不少苦。尤其是婶婶,几乎成了这个没有男劳力家庭的栋梁。叔父脾气暴躁,且又多病,极难侍奉;德华温良老实,却没有大的主意。一双侄孙女年幼无知,还要上学,怎么说,老季家的担子都落到了这位干练的婶婶身上。叔父失业没有经济来源的时候,几乎都是她一人在支撑着家庭。她摆过烟摊;到小市上去卖衣服家具;在日军刺刀下去领混合面;骑着马到济南南乡里去勘查田地,充当地牙子,赚点钱供家用;靠自己幼时所学的中医知识,给人看病。她甚至可以用"少妻"的身份,对付难以侍奉的"老夫"。而且,最为体现她的远见的是,在这样艰苦的生活环境下,她没有让侄孙女和孙子失学,一直把她们抚养成人。

季羡林看在眼里,记在心里。他不便当面向婶婶表示谢意,那也不是他的风格。何况，因为婶婶也是第一次见这个季家最有出息的侄子，双方都有一些生疏。等到假期完后回北京了，季羡林便给婶婶写了一封长信，用诚恳的语词对婶婶表示了感谢，称她为"老季家的功臣"。以季羡林这样名扬全省甚至全国的教授亲自写信给婶婶，自然令婶婶激动万分。于是，她与季羡林的关系就更为融洽了。季家因为婶婶的功德，便索性都称她为"老祖"。

季羡林的妻子德华，是中国典型的贤妻良母。她虽不识字，却识大礼。一辈子勤勤恳恳，含辛茹苦。在上有公婆，下有幼子幼女，而丈夫又多年不在家的情况下，她毫无怨言，一心一意照顾着这个家庭，的确是不容易的。这就使季羡林能够安心在外读书，做学问。几十年后，季羡林在德华去世后，就曾写过一篇《我的妻子》的散文，将他对妻子的感激用最朴实无华的文字表达了出来：

> 然而，在道德方面，她却是超一流的。上对公婆，她真正尽上了孝道；下对子女，她真正做到了慈母应做的一切；中对丈夫，她绝对忠诚、绝对服从、绝对爱护。她是一个极为难得的孝顺媳妇，贤妻良母。她对待任何人都是忠厚诚恳，从来没有说过半句闲话。她不会撒谎，我敢保证，她一辈子没有说过半句谎话，如果中国将来要修《二十几史》，而其中又有什么"妇女列传"或"闺秀列传"的话，她应该榜上有名。

回到北京后，季羡林的心彻底安定下来。他要在最艰苦的时候,把时间挤回来,把学问做出来。对季羡林来说,他兴趣最大,用力最勤的是佛教梵文和吐火罗文的研究。由于在战争年代,缺少起码的资料,已无法进行。但季羡林并不气馁,他甚至提出一个口号,叫"有多大碗,吃多少饭"。意思是说,国内有什么资料,他就做什么研究工作。北大当时仅存的一些可供季羡林研究的就是外国原文书籍。在这些外国文学中,季羡林仍旧最喜欢德国作家的作品。他尤其喜欢德国小说家安娜·西格斯的短篇小说,因为她的小说描写了反法西斯的斗争,这使季羡林回忆起那十年在德国的战争岁月。就这样,季羡林的学术生涯便在战争的岁月里又开始了。他每天一早就从居住地翠花胡同到北大红楼去,总是在门口买些烤白薯,拿着它当早点上班,身着布衣布鞋,生活十分俭朴。那时,他才只有38岁,但正当壮年的季羡林,在做学问上却是心如静水,而唯静水才能流深。

有一次,季羡林的好朋友去看望他。发现他住的院子很大,寂静阴森。院子里树木茂密,参天遮阳,还有残缺的石碑在各个角落耸立着。最为可怕的是,季羡林住的房子外面还放着一口棺木。朋友脱口问他:"季先生,你一个人住在这里,不害怕吗?"季羡林却说:"这正是我看书、工作的好地方,不会有人来打扰我。棺木,没有什么可怕的。"

新中国成立初期,北大给教授定级。对此类事情,季羡林最为淡泊,而他本来在北大的教授中,就是很年轻的。解放初期的北大,会集了新中国众多著名的学者、教授,在这些教授当中,更显出了季羡林的年轻。但季羡林依然是布衣布鞋，就像他的先师陈寅恪一样，从外表上丝毫也看不出他是北大的一级教授。

这一时期，季羡林翻译了大量的文学作品。如德国作家安娜·西格斯的短篇小说，印度迦梨陀娑的《沙恭达罗》和《优哩婆湿》，《五卷书》和《佛本生故事》。他开始对中印关系史进行探索和研究，并为写《唐代中印关系史》做好资料上的准备。

新中国刚刚成立，百废待兴，季羡林的社会活动很多。对一些社会活动，季羡林都是有叫必到。不管是这学会，那协会，这理事会，那委员会，几乎是每天都有会。有一次开会时，周扬便笑着对这些大学者们说："国民党的税多，共产党的会多。"经常与季羡林在会上才能见面的冯至就套用了李后主的一首词说："春花秋月何时了？开会知多少！"他们当然没有任何恶意，只是有时碰见的次数太多，而借以自嘲罢了。

对于季羡林来说，他本不是一个活动家，更加之性格内向，不善言谈，对于社交应该是一窍不通。也多亏了这名目繁多的各种会议，使他无形中得以会见各种想见的朋友。比如，他与冯至的友谊，几乎就穿插在新中国成立后的各种会议中间。比如《世界文学》编委会，中国作家协会，全国人民代表大会，国务院学位委员会，《中国大百科全书·外国文学卷》编委会，等等，使季羡林在开会期间能够享受到与朋友们聚谈的乐趣。

季羡林这一时期精神饱满，兴趣广泛。他喜欢古人字画，并开始收藏字画。在他的办公室书架上，放着一卷卷古今名人字画。旧书店又常派人送来古籍善本书,以供季羡林选购,他完全承继了他的导师陈寅恪的风格。而在他的东语系办公室里,却是"谈笑有鸿儒,往来无白丁",著名文学评论家郑振铎,翻译家曹葆华,记者肖离、金风,甚至还有外国专家,都在他的办公室里坐过。

  大段的时间是来搞运动了,但季羡林还一心惦记着自己的学术研究。白天是各种各样的会议,晚上也还有不断的社会活动。季羡林只得利用早晨的时间,搞一些自己的学术研究。就在50年代一个政治运动接一个政治运动的政治空气下,季羡林写了大量的学术文章,并翻译了许多外国文学作品。这一时期,他出版的专著及翻译著作有:

译自德文的卡尔·马克思著《论印度》(1951);

译自德文的德国安娜·西路斯短篇小说集(1955);

译自梵文的印度迦梨陀娑的著名剧本《沙恭达罗》(1956);

论文集《中印文化关系史论丛》(1957);

《印度简史》(1957);

《1857—59年印度民族起义》(1958);

译自梵文的印度古代寓言故事集《五卷书》(1959);

译自梵文的印度迦梨陀娑的剧本《优哩婆湿》(1962);等等。

还有一些在学术上很有突破的学术论文,如:

《中国纸和造纸法输入印度的时间和地点问题》(1954);

《吐火罗语的发现与考释及其在中印文化交流中的作用》(1955);

《原始佛教的语言问题》(1956);

《试论1857—1859印度大起义的起因性质和影响》(1957);

《原始佛教的历史起源问题》(1965);等等。

这些学术专著和学术文章,几乎都是在每一天的黎明时分,在季羡林的书桌前完成的。当时季羡林既是东语系主任,又是学校工会分会的主席,还在社会上身兼数职,不但社会活动频繁,仅是系里的行政事务,便头绪纷繁,耗时费神。于是季羡林利用起一切可以利用的时间,分秒必争,在闹中求静,在忙里偷"闲",一点一点累积而有成。对季羡林来说,出国11载,就是为了能学一些知识,回来报效母亲。新中国的成立,对一直漂流在外的季羡林是一个希望,他希望能够尽快尽早地把自己的研究所得系统地整理出来。他常对他的助手们说,时不我予,稍纵即逝。一方面,是百废待兴的新中国的建设,各种运动应接不暇;一方面,又是各种需要开拓研究的科研项目,季羡林只得靠早晨的时间,来继续自己的学术研究。这本是身不由己的行政工作逼季羡林想出的治学方法,却不想从此以后竟成了他坚持了近几十年的生活方式,以后无论是在什么情况下,季羡林的主要学术著作,都是在这个最安静的时间里写出来的。

1956年,是季羡林在记忆中最值得纪念的一年。

这一年,季羡林在三个方面获得了最高的荣誉,一是被评为北京大学的一级教授;一是任中国科学院哲学社会科学学部委员;还有一项更重要,季羡林光荣地加入了中国共产党。

回国短短几年,季羡林的学术成果巨大,一方面,这是季羡林勤奋和钻研的结果,另一方面,也与季羡林独特的生活方式相关。季羡林长期独自在北大教书、生活。叔父年事已高,不能来北京,妻子、老祖以及孩子只好陪叔父住在济南。季羡林便同单身的年轻教师一样,中午到学校食堂吃饭,吃完饭即回办公室读书。他从来不睡午觉。办公室的书桌上,一边是一些行政上的杂乱文件,另一边便是摊在桌上的、他正在读或研究的书籍。他从来不会掩饰自己,他正在研究什么,写什么文章读什么书,凡是来到他的办公室的人只要看一下他的办公桌就一目了然。在那样一个运动年代,很少有人这样坦白地向公众袒露自己的研究项目,而季羡林却从来没有想过要如何遮掩,更没有想过如何保护自己。除了他的梵语及佛学研究,他一心惦记着的是他的学生。

有一年,新生们刚到学校报到,系办公室的一位老师跑来对学生们说,没有带脸盆的同学可以到系办公室去领,系主任季羡林教授为资助一些农村来的学生,用自己的钱买了几十只脸盆。其实,季羡林的家庭并不宽裕。他还要供养济南的一大家口,而叔父身体有病,就更是需要季羡林的资助。而季羡林自己,走在北大的校园中,不认识的人见到他决不会想到他是留洋10多年的洋博士、名教授,无论他担任多少职务,北大副校长、系主任或者研究所所长,季羡林永远是一身旧中山服、布鞋,手里提的经常是个圆筒形上缀两条带的旧书包。

1955年,季羡林的叔父在济南病故。但季羡林已经习惯了独自的生活,他迟迟没有接妻子和老祖到北京一起生活。对此,儿子和女儿很有意见,但季羡林感情深处的孤独是无法言说的。又过了几年,季羡林才结束了单身生活,将婶婶老祖和妻子德华及一双儿女接到了北京。此时,他已经是 52 岁。可以说,季羡林一生中有一半以上的时间是过着苦行僧般的学人生活,而凭着他朴厚的人品和作为知识分子的正直,他以自己的方式,为北大的学生和同事们树起了一代师表,并以牺牲个人感情生活的代价而取得了学术上的极大收获。

(二)善利万物而不争

又到了一个非常的岁月——与民同苦、与国同难的"十年浩劫"时期。在那个不寻常的年代里,季羡林和大部分知识分子一样,经历了火与冰的淬炼。季羡林不但进过牛棚,挨过批斗,甚至,也还经历过人生的尽头。

那是在时局非常严酷的时候,走投无路的季羡林竟然想到了死。死对季羡林来说不是一个陌生字眼,还在清华大学读书的时候,因为母亲的过世,因为家庭的不愉快,季羡林几次想到自杀。如果说那时只是想的话,到了今天,就是付之于行动了。决定自己生死大事的晚上,季羡林的内心十分平静。平静得连他自己也感到害怕。照理说,一个人决定自己结束自己的生命是非常困难的,情感上也应大起大落。古人江淹说:"自古皆有死,莫不饮恨而吞声。"季羡林却觉得自己一没有饮恨,二没有吞声,只是处于一种超乎寻常的平静中。在平静中,季羡林唯一感到对不起的是陪他担惊受怕的年迈的婶母,对不起风风雨雨、无怨无悔陪他度过了40年的老伴,还有许许多多对他怀有深情厚意的亲戚和朋友。想来想去,他想只能默默说一句:"到那边再会了。"于是,季羡林把仅有的几张存款单,平平淡淡地递给了婶母和老伴,强抑制住心中的悲伤。一切都准备就绪,只等季羡林迈步出门……

就在这关键时刻,门上响起了十分激烈的敲门声。是红卫兵小将将季羡林逼上绝路,也是红卫兵小将堵上了此路。

当一切都发生之后,季羡林反而沉静下来,一个人连死都不怕,又能怕什么?经历了最不堪的岁月,剩下的就是在忍耐中体味人生了,而这又何尝不是季羡林生活中最常见的主题。

"不为无益之事,何以遣有涯之生?"一个阳光明媚的下午,季羡林望着被太阳晒得白花花的世界,脑子里涌上了古人的这两句话。他觉得他现在的脑子灵活,身体健康,就这样盯着时间在自己身边一点一点走过,实在是极大的浪费。虽然刚刚过去的"牛棚"生活想起来便让人不寒而栗,但它们似乎是已经远去了。自己毕竟是一个留过学还有点用处的人,为何不找点"无益之事"来干一干呢?总比像现在这样坐在大玻璃房子里虚度光阴要好些吧!想着想着,季羡林的眼前一亮,四个金光闪闪的大字出现在他的眼前:"罗摩衍那"。

《罗摩衍那》是蜚声世界文坛的印度两大史诗之一。它与《摩诃婆罗多》并称印度古代两大史诗,在印度文学史上和世界文学史上占有崇高的地位，并对印度文学以及东南亚一些国家的文学，产生过巨大的影响。在过去的两千多年中，它被称为"归初的诗"，作者蚁垤也被称为是"最初的诗人"，成为印度古典文学的伟大典范以及创作取材的丰富源泉。仅仅是这一部史诗，在以前的印度文学中，有人模拟，有人改编，有人缩写，有人袭用，简直是错综复杂，令人眼花缭乱。随着时光流逝和社会向前发展，各时代的统治阶级都想利用《罗摩衍那》的威名，来宣传自己的政治观点和宗教信仰，并借以达到维护本阶级利益的目的。比如，12世纪的迦尔诃那写的《王河》里讲到，克什米尔的一个国王被诅咒变成了蛇，只有他在一天之内让人朗诵全部《罗摩衍那》，他才能恢复人形。可见《罗摩衍那》已经成了这些最高统治者的护身圣书了。许多杰出的古典诗人，如迦梨陀娑、薄婆菩提等，他们的作品也都取材于《罗摩衍那》。据精校本的编校统计，《罗摩衍那》共有2000多种手写本，有50多种梵文注释，可见梵文原本的《罗摩衍那》影响之深广。

季羡林充分利用了在传达室收发信件的时间，开始了《罗摩衍那》的巨大翻译工程，直到他的学者生涯再次恢复，而此时，这项具有世界意义的翻译工程也顺利完工，成为翻译界的一面旗帜。

当一个荒唐的时代结束后，百废待兴，而恢复了学术研究身份的季羡林以只争朝夕的速度和激情投身于繁杂的学术活动之中。此时季羡林已经到了80岁高龄。著名美籍女作家韩素音女士在季羡林先生85岁华诞时的贺词中曾经写道："他毫不追求权力、财富，或是被人颂扬，他整个地献身于他的国家——中国和中国人民，还有他的不动摇的忠诚，对我们所有人来说，都是一个榜样。"

这是对季羡林最为中肯公允的评价。所有认识接触过季羡林先生的人，对季羡林的品德和人格无不交口称赞，称之为有仁者风范，无己无私，亦慈亦让。生活中的季羡林先生，的确如此，他的仁爱和善意不是说出来的，而是在日常小事中自然显露出来的。仅举几个生活小事，便可领略到季羡林的风格：

1995年的一天，此时季羡林已是近85岁的高龄了，他同往常一样，照例清晨4点起来读书、写作。他把自己关在书房里，晨读和写作到6点多钟。忽然，他发现自己已将房门锁上，而钥匙却在门外的另一个房间。季羡林住一楼的两套房子，他的书房是独立的。其实，季羡林要解决这一问题也很简单。他只需要给他的哪一位学生或助手打个电话，请他来一趟，从外面打开门就行。但季先生却认为时间太早，不便将别人从梦中唤醒。季羡林此时竟做出了一个壮举，打开窗户，从近两米高的窗台上奋不顾身地跳下来，完成了一个"85岁老翁跳窗台"的奇迹。差一点就酿成不可想象的后果。而当天下午，季羡林还是不顾扭伤了的脚，坚持着进城去参加中法比较文化研究会的活动。当天上午，正逢乐黛云教授去季羡林家里商量会议之事，季羡林还很骄傲地叙述了他的伟大历险，并说经过这次考验，既然完好无损，足见各项器官都还结实，大约总可以支持到21世纪！这一件小事，足以见到季羡林遇事替他人着想的精神！

有关这方面的传说有很多，广为流传的，便是那件被新入校的学生捉来看行李的故事。实际的情况是，有一次的开学季，一个新生因为拿了太多的行李暂时找不到报到地点，正在着急当中，突然面前出现一个面善的老爷爷，他便请老爷爷替他看行李，他先去办事。老爷爷没说一句话，就站在原地替他看了一段时间的行李。到第二天这位同学去开会，才发现原来看行李者是赫赫有名的东语系系主任、北京大学的副校长季羡林先生。

张中行先生认为，季羡林先生一身而具有三种难能：一是学问精深；二是为人朴厚；三是有深情。三种难能之中，最难能的还是朴厚。

季羡林的朴厚和善意，还表现在他对家乡人民的感情上。季羡林的家虽然房间还算多，但大都成了书库，就是剩下的几间生活用房，也是陈旧简单，除了必备的生活用品以外，都是最简单不过的陈设，用张中行先生的话来说："我们的印象会是，陈旧，简直没有一点现代气息……墙，地，以及家具，陈设，都像是上个世纪平民之家的。"而季羡林的布衣粗食，更是接触过季先生的人所印象深刻。他永远是穿布衣制服，是那种很耐穿的涤卡布料做的，远远看去，就像是一位普通的学校工友，绝不会让人联想到他是有那样大学问和社会地位的著名学者。后来，在城市里已经找不到涤卡布的时候，季羡林却还是愿意穿这种布料做的衣服，为了买到这种布料，家人不得不到农村去买这种只有在偏僻的乡下才能买到的布料。季羡林这种简朴的生活习惯，自然是与他童年时家境的贫寒分不开的。他曾经在《我的童年》一文中写道："这种贫困的生活，使我终生受用不尽。它有时候能激励我前进，有时候能鼓舞我振作。我一直到今天对日常生活要求不高，对吃喝从不计较，难道同我小时候的这些经历没有关系吗？"他自己的生活是很俭朴的，但他对自己的家乡和家乡的建设，却是舍得花大笔的钱。他曾经捐款给村里的学校和卫生室，让学生少交一点学费，让更多的孩子都能上得起学，让乡亲们治病时少花一点钱，以尽自己的一点心意。几十年来，他一直坚持给村里的小学寄图书，有时几十本，有时一二百本。村里小学每天下午放学时，老师就会小心翼翼地打开箱子，发给大家每人一本。学生们把自己的看完了，再互相交换着看。

  季羡林虽然身在北京，但他的心却时刻惦记着故乡的人民，因为他知道，他的故乡还穷，还需要建设，而所有的建设都是离不开知识的。在一次外事活动中，季羡林的一位学生说，有一位德国友人打算捐资帮助一所中国的小学校。季羡林便对他的学生说："你给那位德国友人说一下，争取捐给官庄小学吧，因为我的故乡还比较穷。"那位德国友人深为季羡林的桑梓之情所感动，便欣然同意。季羡林将德国友人捐赠的美元兑换成7000多人民币后，让他的曾侄孙带回了官庄，还一再叮嘱着："回去告诉村里，这些钱一定要用在刀刃上，使我们的学校多出人才，为国家多做贡献。"

  1994年，季羡林获得了北京大学特别贡献奖。在奖金还没领到手、数目也不知是多少的时候，他的老伴正生病住院，急需用钱，但他还是准备捐给官庄村一万元钱，以用来发展故乡的教育事业。他让他的曾侄孙详细列好奖励基金的条款，并嘱咐家人说："要鼓励村里的孩子好好学习，争取多出人才。同时还要注意调动教师的积极性。只有老师认真教，学生才能学得好。"言语中充满了对故乡教育事业的关怀之情。

进入老年的季羡林，丝毫没有把自己当作老年人来看待，他的心也越来越年轻了。他尤其喜欢与年轻人在一起，吃饭、聊天，倍感自己也年轻了许多。有一次，吃饭的时候，有人请季羡林唱卡拉OK。季先生便笑眯眯地给人们讲了一则"一条人命"的笑话：说是有人酷爱唱戏，能听下来的，便赏人一块大洋；听不了的，便杀了他。一过路者被戏迷截住，要他听戏，他刚刚唱了一句，那位过路的听戏者便对他说：你杀了我吧。听你唱戏，还不如杀了我呢。说到这里，季羡林便幽自己一默，说，我唱歌就是这种水平。众人听了自然是开心大笑。季羡林待人从来没有架子，随和，礼貌，文质彬彬。他几十年如一日，始终穿的是普通布料的中国制服，一双圆口布鞋。吃的是粗茶淡饭。除了眼睛有老年性白内障以外，他的身体一直很好。很多人问他有什么长寿的秘诀，他的答复是：我的秘诀就是没有秘诀，或者不要秘诀。他的长寿之道很简单，就是顺其自然。觉得好吃的东西就吃，不好吃的就不吃，或者少吃，决不斤斤计较什么卡路里维生素之类。因为心里没有负担，胃口自然就好，吃进去的东西都能消化，再辅之以腿勤、手勤、脑勤，自然百病不生了。季先生认为，脑勤最为重要，如果非要让他讲出一个秘诀的话，他的秘诀就是：千万不要让脑筋懒惰，脑筋要永远不停地思考问题。他的那个"新三论"理论实际上也是他的健脑理论。

事实是，季羡林是以他特有的姿态投入到不平凡的生活，以繁忙的学术活动填补了感情深处不可触及的伤痛。

（三）精神的殿堂

季先生是不善谈的人，在众人面前，他的常态是静默。他更多的是用他的笔来书写他的人生感悟。他是在喧嚣的人生中默默地走着自己的路，走得艰难，但走得坚实。他客观而冷静的人生态度，使他在晚年愈发能够在学术与生活中游刃有余。

20世纪90年代，是季羡林先生个人生活最为悲苦的日子。在这个时期，季羡林的几位亲属，都相继离世，尤其是季羡林先生的妻子和女儿，一个是伴随了他大半个人生的伴侣，一个是他最爱的女儿。尽管在家庭感情生活中，季羡林是被动地接受了父母的安排，也理智地终止了在留德期间的感情波动。他已经习惯把自己的情感转化成对学术的追求，对平静生活的接受。但妻子和女儿在季羡林的心中，依然占据着相当重要的位置。在1993年，他把自己的心情真实地记录下来："曾几何时，到了今天，老祖和宛如已经永远地离开了我们。老祖和宛如的走，把我的心都带走了。如今，天地虽宽，阳光虽照样普照，我却感到无边的寂寥与凄凉。"（《二月兰》）1995年，他在《1995年元旦抒怀——求仁而得仁，又何怨！》一文中不无悲伤地写道："总之，在我家庭中，老祖走了，德华走了，我的女儿宛如也走了。现在就剩下我一个孤家寡人，赤条条来去无牵挂了。我成为一个悲剧性的人物，条件都已具备。只待东风了。孔子曰：'求仁而得仁，又何怨。'"

虽然从这篇散文里我们读到了季羡林先生内心的极度悲伤，但就是在这几年里，他仍旧保持着平静的心态，一如既往地参加各种学术和社会活动，并没有被孤寂的命运所打垮。甚至在工作中，几乎看不到季羡林先生内心的悲伤。他有许多的朋友，无论是年长的，还是年轻的，无论是官大的还是平民百姓，他在平淡的待人接物当中，显现出一种博大的胸怀，显示出了人性的高贵。

季羡林过早离开母亲的经历，使他从小就养成了很敏感的内向性格，这也使他更能够摒弃外界的干扰，一心向学，而对学问的追求又使他的学风十分严谨。在他的精神领域里，有与陶渊明相同的"人生诗意"。这种"人生诗意"使季羡林能在枯燥的学术生涯里如饮甘露，孜孜以求，并游刃于其间，获得无穷乐趣。纵观季羡林的散文，所呈现出的整体风格，也即是如陶渊明"纵浪大化中，不喜亦不惧"（陶渊明《形影神三首》诗句）的诗意与禅意互融的境界。

季羡林的精神气质中有"诗人"的气质。他从小就喜欢抒情的文字，念《古文观止》一类书的时候，真正打动他内心的是司马迁的《报任少卿书》、陶渊明的《桃花源记》、李密的《陈情表》、韩愈的《祭十二郎文》等，百读不厌。先天的诗人素质和后天的古文学养，使季羡林具备了一个优秀散文家的条件。季羡林写的散文，至情至真，通过读散文而了解了他的学问、他的为人处世、他的精神世界和他的高尚情操。可以说，要进入季羡林的精神领域，进入他的学术宫殿，完全可以通过他的散文世界而了解。

　　他的散文，总起来说有写景、记事、怀旧、抒情几大类，这几大类散文，都洋溢着扣人心弦的激情和令人难以忘怀的风韵。熟悉季羡林的人都知道他酷爱大自然，尤爱一些有品位的花草等景物。这样的散文有许多，如《枸杞树》《海棠花》《春满燕园》《马缨花》《夹竹桃》《一朵红色石竹花》《处处花开夹竹桃》等等。他的写景的文字，简直就是一首首动人的诗篇，一幅幅看得见的油画，不但文字美，还能表达一种淡淡的诗情，并深含着耐人寻味的寓意。

　　在抒情和记事方面，季羡林的散文也都具有一种点铁成金的魔力，文字经他手中的笔，便会把一种真情深意传达到读者心中，使人读了不能不为之感动。季羡林散文最能打动读者的，即是作者情感的质朴、真诚，这尤其是反映在他的一些怀念故友、旧交的怀旧性文章里。他在晚年所写的这类文章，如《回忆雨僧先生》《忆念胡也频先生》《我记忆中的老舍先生》等，不但给人以岁月沧桑、生死契阔的人生感悟，还带给读者一种从其他散文所得不到的文化学养。如《站在胡适之先生的墓前》一文，作者以望九之年，站在老友墓前，追忆似水年华，思绪浮想联翩……虽然文章所写仅是个人交往的细枝末节，但却立见风云嵯峨，岁月沧桑，读之让人不胜感慨。其文情真语挚，温婉敦厚，其思想和历史蕴含博大深广。

　　读季羡林的散文，人们既会被季羡林那高尚的人格力量所震撼，也会被作品的艺术魅力所陶醉。读季羡林的散文，就如同见他的为人，他的淳朴、亲切、睿智、幽默，没有一丝一毫的炫耀、溢美、浮夸和说教，都会真实地呈现在读者的眼前。

虽说在年龄上，季羡林已是老人，但在精神上他却仍青春焕发，充满勃勃生机，他给自己提的事业上的要求，要超过任何一个青年人。的确，虽然已进入了老年，但他攀登事业高峰的步伐丝毫没有减慢，他的工作效率似乎更高了，而工作热情也始终那么饱满。他仍旧是坚持在清晨4点起床，起床后就开始写文章。一年365天，每天如此。即使是在外开会也是这样。季羡林先生已参加过五届国家图书奖评奖，一届初评、复评各1次共评10次，每次集中开会时，季羡林都是4点起床，在房间里写好要写的文章，白天继续评奖、工作。参加国家图书奖评奖，对他来说是一项社会工作，但他把这项社会工作完全当作了本职工作一样来认真对待。此时，他已是86岁的高龄了。但他仍与其他年轻的评委一样审书看材料。尤其是1997年第三届国家图书奖评奖期间，他正在医院做剥离白内障的手术，住院期间，行动不便，但他仍坚持到会，了解评奖的送书情况。手术后不久，又是复评，季先生坚持到会，用手捂住那只刚刚动过手术的病眼，而用另一只还没有动手术但也有白内障的眼睛看书。仍旧是早晨4点起床，起床后用放大镜照着纸，还能在一个清晨写出一篇杂文来。有人问他，为什么不能休息休息，他总是微微一笑，说，习惯了。若什么也不干，不读书不看报，就像在医院住着的那几天，那他觉得太没有意思了。

斗转星移，季先生的学术追求却始终没有懈怠。在治学的道路上，先生越走越远，越走越有活力，好像一个不倦的朝圣者，虽如一个普通的劳动者一样静静地走在喧嚣中，身心却始终沐浴在智慧的灵光里。

不刻意而高，是季羡林一生的概括，更是一个人的最高修养和境界。事实也是这样，季羡林先生的学术生涯，使得他成为当之无愧的东方鸿儒。因为他不仅古汉语、英语和德语的造诣极深，而且精通梵文、巴利文、吐火罗文及俄文、阿拉伯文等，研究的课题涉及语言学、考古学、历史学、佛学、敦煌学、民族学、文化学、比较文学、翻译学等诸多学科，其中有的文字如吐火罗文，已是当今世界无人通晓的"绝学"。

季先生的学术成就就在那里，无须刻意，伟岸杰出。季先生就是这样的一个学人，如果你泛泛了解，他就是一个著名的学者；但当你深入了解，不，也只是粗粗浏览他的学术成就后，你甚至会惊叹，面前的这座学术巅峰是真的吗？真的是老先生这长长短短的一生中的成就吗？说短，是相比较季先生的学术成就而言，以一个人有限的短短的一生，却能繁衍出这样茂盛的学术之林，让人更觉其生命的短促。说长，也是相较于先生的有限的生命，他的学术之路已经走了很远很远，那是普通的人用几生也未必能够走完的。高山仰止。读季羡林先生的文章和见先生的为人，每每跳到我眼前的，就是这自然的四个字。在没有见到先生之前，我对先生是视为天人的。我们毕竟是普通的人，普通人看一个闻名于世界的学者，自然会产生崇敬的心情。

当上帝关了这扇门，一定会为你打开另一扇门。纵观季羡林先生的一生，在个人的情感世界里是有缺憾的。他早年永失母爱，使得情感脆弱而敏感；青年奉旨成婚，别离情爱，使得人生缺失知己，寂寞清冷。但是，在人生的情感世界里，这仅是一小部分，他把更多更大的博爱献给了学术，献给了周围的亲友，他把自己一己的感情升华为对学术对文化的追求，在东方文化的殿堂里完成了辉煌的涅槃，成为一代硕学鸿儒。

2009年7月11日8时50分，季羡林先生平静离世。这位平易近人的长者、智者、仁者，在走过98年风雨岁月后溘然长逝。先生已去，却山高水长，愿先生的心曲，能在另一个世界舒心地畅享。一介布衣，一曲梵音，一代大师，一位智者。

纵浪大化中
——季羡林散文的魅力

季羡林作为一个学术大家,著作等身,其学术的高深令人望而止步,不愧为东方鸿儒。作为学者的季羡林,一生学术成就在不同的领域都有建树,尤其是他的散文,深受广大读者的喜爱,也可以说,人们尊敬季羡林,喜欢季羡林,这与他的散文是分不开的。

要了解季羡林的散文,就必须对他的生活背景有一个基本的了解。尤其是季羡林先生的精神世界,这对理解季羡林散文的魅力和成就所在,有着至关重要的作用。

首先是他生命中的几件遗憾的事情。

季羡林1911年8月6日出生于山东省清平县(现并入临清市)官庄。

6岁那一年春节前夕,小羡林离开了官庄,离开了母亲,跟着叔父到济南上学去了。因为官庄太穷,而父亲和叔父两人也只有小羡林这一个男孩子,大人们是想把男孩子培养成人,以光宗耀祖,光大门楣。而全然不知,一个6岁的孩子离开母亲,会有什么样的感情痛苦。小羡林被带到了济南,别看他平时不爱言语,在母亲身边也时常犯淘,但真的离开了母亲,他的伤心却是来自心底深处的。有多少次他在梦里哭醒过来,醒来仍是身在异乡,母亲的音容笑貌永远只留在了梦里。当然,小羡林永远也不会料到,这一次即是他与母亲的永别。当他在北平读大学时,得到了母亲去世的消息。当他从北平赶回家乡,只看到了母亲的棺材和简陋的小屋,他心中的悔疚真是无以言表。他真切地体会到,世界上无论什么名誉、地位、幸福、尊荣,都比不上有母亲在自己的身边。所谓"儿不嫌母丑"就是这个道理。当然,年纪很小就离开了母亲的童年经历,对季羡林的性格也有很大的影响。长期生长在叔父家中,他从小就培养了克己慎独的良好品性,而性格内向,不爱张扬,也成为他以后的主要性格特征。

由于大量的课外阅读,在潜移默化中,季羡林逐渐形成了自己对写文章的一套看法。这就是:第一,感情必须充沛、真挚;第二,遣词造句必须简练、优美、生动;第三,整篇布局必须紧凑、浑成。三者缺一,就不是一篇好文章。以后他读到一些英国名家的散文,也发现了同样的规律。他甚至浪漫地想到,写文章应当像谱乐曲一样,有一个主旋律,辅之以小的旋律,前后照应,左右辅助,要在纷纷变化中有统一,在统一中有错综复杂,关键在有节奏。这些想法,是季羡林在学习中不知不觉形成的,当初的季羡林也并没有很自觉地去运用这些程式。

季羡林的成长是独特的,也是寂寞的。他过早离开母亲的经历,使得他从小就很敏感,从小就对世事沧桑有自己的感悟。同

纵浪大化中——季羡林散文的魅力　119

时，他的性格内向也决定了他能够摒弃外界的干扰，一心向学。而对学问的追求又使他的学风十分严谨。应该说，季羡林的主要成就是在语言文学的学术研究上，尤其是对东方文化的研究可以说是处于前无古人的地位。他一生的学术研究甚至是其他人几个人生也无法完成的。但学问高深，读得懂的人也少。但季羡林仍旧为大众喜爱，能让读者记得季羡林的还是因为他的散文，因为他的散文浸透着深厚的学养。因此，他的散文也就有了自己独特的风格，是很值得研究和欣赏的。

季羡林先生很欣赏陶渊明的一首诗，这首诗其实也是季先生处世超然、境界高远的真实写照：

纵浪大化中，
不喜亦不惧。
应尽便须尽，
无复独多虑。

季羡林先生欣赏这首诗，是因为在他的精神领域里，有与陶渊明相同的"人生诗意"。这种"人生诗意"使季羡林能在枯燥的学术生涯里如饮甘露，孜孜以求，并游刃于其间，获无穷乐趣。纵观季羡林的散文，所呈现出的整体风格，也即是这种"纵浪大化中，不喜亦不惧"的诗意与禅意互融的境界。

还在上中学的时候，季羡林的同学就给他起过一个绰号，叫他"诗人"。当年季羡林是写过一些诗,但并不多。同学们叫他为"诗人",是因为他的精神气质中有"诗人"的气质。我们常听到的"不写诗的诗人",说的就是这个意思。有的人写了一辈子的作品,但可能他的骨子里就没有文学的因子,从专业的角度来说,就是没有文学天赋。季羡林的学术研究虽然是枯燥的,但他的精神世界却常常诗情画意,绿水盈盈。季羡林从小就喜欢抒情的文字。念《古文观止》一类书的时候,真正打动他内心的是司马迁的《报任少卿书》、陶渊明的《桃花源记》、李密的《陈情表》、韩愈的《祭十二郎文》等等,百读不厌,有的至今还能背诵。这两方面的结合,先天的诗人素质和后天的古文学养,使季羡林具备了一个散文家的条件。作为一个著名的东方文化研究学者,季羡林写了大量的散文,说他是一个优秀的散文作家也不为过。

他已出版的散文集有多种,主要有以下几种:

《天竺心影》(1980,百花文艺出版社);

《朗润集》(1981,上海文艺出版社);

《季羡林散文集》(1991,北京大学出版社);

《万泉集》(1991,中国文联出版公司);

《季羡林小品》(1992,中国人民大学出版社);

《留德十年》(1992,东方出版社);

《季羡林散文选集》(1995,百花文艺出版社);

《赋得永久的悔》(1996,人民日报出版社);

《怀旧集》(1996,北京大学出版社);

《人生絮语》（1996，浙江人民出版社）；

《季羡林散文全编》（一至六，2003，中国国际广播出版社）；

《学海泛槎——季羡林自述》（2000，山西人民出版社）；

《千禧文存》（2001，新世界出版社）；

《季羡林文丛》（四卷，2002，沈阳出版社）。

除此之外，还有《季羡林谈人生》《季羡林谈读书治学》《季羡林谈写作》《季羡林谈佛教》《真话能走多远》《病榻杂记》等多部著作。

季羡林写的散文，是那样地至情至真，使人读了便爱不释手，并通过读散文而了解了他的学问，他的为人处世，他的精神世界和他的高尚情操。可以说，要进入季羡林的精神领域，进入他的学术宫殿，完全可以通过他的散文世界而达观。

季羡林曾经谦逊地说：我是"炒"出来的作家。他对他的名声和荣誉始终有冷静而又清醒的认识，他把人们对他文章的推崇当作"炒"是他的自谦。而实际上，真正"炒"出季羡林的散文名气的，恰恰是他自己，是他自己充满了学养和精神魅力的文字。

他的散文文笔非常优美、自然、清爽、洁净，被人喻为"好像真正的青花瓷器，令人爱不释手"。其情思中心是沧桑之感，有对岁月的感悟，有对故人的怀念，有对大自然的礼赞，还有对人情世故的体验。初读起来，都是素朴清平，不事雕琢，而读后却令人品味无穷，韵意隽永。文字看似平淡，却有悠然的画意、浓郁的诗情，清丽脱俗，意境超然。季羡林自己评自己的散文是自然地呈现两种状态：年轻时写的文章不多，而用语华丽；后来文风由繁返璞，渐趋平实，也就是后来有学者给概括的"朴厚"。

总起来说，他的散文有以下几大类：一、写景；二、记事；三、怀旧；四、抒情。这几大类散文，都洋溢着扣人心弦的激情和令人难以忘怀的风韵。我们可以略举几例，来欣赏季羡林散文的魅力所在。

一、写景

熟悉季羡林的人都知道他酷爱大自然，尤爱一些有品位的花草等景物。这样的散文有许多，如《枸杞树》《海棠花》《春满燕园》《马缨花》《夹竹桃》《一朵红色石竹花》《处处花开夹竹桃》等等。《处处花开夹竹桃》一文里有这样的句子：

> 然而，在一墙之隔的大门内，夹竹桃却在那里悄悄地一声不响，一朵花败了，又开出一朵，一嘟噜花黄了，又长出一嘟噜；在和煦的春风里，在盛夏的暴雨里，在深秋的清冷里，看不出什么特别茂盛的时候，也看不出什么特别衰败的时候，无日不迎风弄姿，从春天一直到秋天，从迎春花一直到玉簪花和菊花，无不奉陪这一点韧性，同院子里那些花比起来，不是形成一个强烈的对照吗？但是夹竹桃的妙处还不止于此。我特别

喜欢月光下的夹竹桃，你站在它下面，花朵是一团模糊；但是香气却毫不含糊，浓浓烈烈地从花枝上袭了下来，它把影子投到墙上，叶影参差，花影迷离，可以引起我许多幻想。我幻想它是地图，它居然就是地图了，这一堆影子是亚洲，那一堆影子是非洲，中间空白的地方是大海碰巧有几只小虫子爬过，这就是远渡重洋的海轮；我幻想它是水中的荇藻，我眼前就真的展现出一个小池塘，夜蛾飞过映在墙上的影子就是游鱼；我幻想它是一幅墨竹，我就真看到一幅画，微风乍起，叶影吹动，这一幅画竟变成活画了。有这样的韧性，能这样引起我的幻想，我爱上了夹竹桃。

作者笔下的夹竹桃写得可谓神来之笔。写夹竹桃之盛，夹竹桃之美，寄景寓情，明写夹竹桃，实写其品性，堪为典范。其文辞浓丽，构思精巧，咏花见人，叹物感怀，立意可叹。散文家宗璞曾对季羡林的这篇文章给予了高度的评价。她说：

作为夹竹桃知己的季先生，实际上不止写活了夹竹桃。对海棠的怀念，对牡丹的赞叹，写马缨花令婴宁笑，写紫藤萝使徐渭泣，他对于整个大自然都是心有灵犀，相知相通的。这些对自然的领悟，形成季先生散文的一种特色。

类似的还有一篇《神奇的丝瓜》。文中写道：

丝瓜是普通的植物，我也并没有想到会有什么神奇之处。可是忽然有一天，我发现丝瓜藤爬出了篱笆，爬上了楼墙。以后，每天看丝瓜，总比前一天向楼上爬了一大段，最后竟从一楼爬上了二楼，又从二楼爬上了三楼。说它每天长出半尺，绝非夸大之词。丝瓜的藤不过像细绳一般粗，如不注意，连它的根在什么地方都找不到。这样细的藤竟能在一夜之间输送这样多的水分和养料，供应前方，使叶子长得又肥又绿，给土墙增添了活力与生机。

又过了几天，丝瓜开出了黄花。再过几天，有的黄花就变成了小小的绿色的瓜。瓜越长越长，越长越大，重量当然也越来越增加，最初长出的那一个小瓜竟把瓜藤坠下来了一点，直挺挺地悬垂在空中，随风摇摆。我真是替它担心，生怕它经不住这一份重量，会整个地从楼上坠下来落到地上。

我觉得这丝瓜简直太神奇了！仿佛它能考虑问题，而且还有行动。它能让无法承担重量的瓜停止生长，它能给处在有利地形的大瓜找到承担重量的地方，它能让悬垂的瓜平身躺下。我左考虑，右考虑，越考虑越糊涂。我无法同丝瓜对话，这是一个沉默的奇迹。

在这篇短小的散文里，作者观察到一棵小小的丝瓜秧，能指令自己的果实生长或是停止，每个果实能依据自己的地理环境，如靠近窗台或墙壁，选择自己最恰当的姿势，是斜靠还是平躺。从这些微细的观察中可以感到作者对万物生长的好奇心和赤子天真的童趣。

还有几篇写景物的散文，可以说是季羡林此类散文的代表作，也是写景物散文的经典之作，我们不妨从中摘取一段，来领略其绝妙：

> 哥廷根的秋天是美的，美到神秘的境地，令人说不出……这小城东面的一片山林在秋天就是一幅未来派的画。你抬眼就看到一片耀眼的绚烂。只说黄色，就数不清有多少等级，从淡黄一直到接近棕色的深黄，参差地抹在这一片秋林的梢上，里面杂了冬青树的浓绿，这里那里还点缀上一星星的鲜红，给这惨淡的秋色涂上一片凄艳。就在这林子里，俊之（章用字俊之）常陪我去散步。我们不知道曾留下多少游踪。林子里这么静，我们甚至能听到叶子辞树的声音。倘若我们站下来，叶子也就会飘落到我们身上。等到我们理会到的时候，我们的头上肩上已经满是落叶了。间或前面树林里影子似的一闪，是一匹被我们惊走了的小鹿，接着我们就会听到索索的干叶声，渐远，渐远，终于消逝到无边的寂静里去。谁又会想到，我们竟在这异域的小城里亲身体会到"叶干闻鹿行"的境界？

这一段写景的文字，简直就是一首动人的诗篇，一幅看得见的油画。其视角有松有紧,有聚有散,信手漫笔,却又收放自如,这里的文字不但美,还能表达一种淡淡的诗情,并深含着耐人寻味的寓意。

《登黄山记》也是一篇美轮美奂的散文:

至于黄山的云海,更是我闻所未闻,见所未见。一座大山竟然命名北海、西海、天海、前海、后海,这样许多海,初听时难道不真是让人不解吗?原来这些海都是云海。我从小读王维的诗,"行到水穷处,坐看云起时",觉得这个境界真是奇妙,心向往之久矣。可是活了六十多岁,也从来没能看到云起究竟是什么样子。一天,我们正在北海的一个山头上,猛回头,看到隔山的深涧忽然冒起白色的浓烟。我直觉地认为这是炊烟。但是继而一想,炊烟哪能有这样的势头呢?我才恍然:这就是云起。升起来的云彩,初时还成丝成缕,慢慢地转成一片一团,颜色由淡白转浓。最初群山的影子还隐约可见,转瞬就成了一片云海,所有的山影都被遮住,云气翻滚,宛若海涛。然而又一转瞬,被隐藏起来的山峰的影子又逐渐清晰,终于又由浓转淡,直到山峰露出了真面目,云气全消,依然青山滴翠,红日皓皓。所有这一切都发生在几分钟之内。这算不算是云海呢?旁边有人说:"还不能算是。真正的云海。那要大雨之后。"我只好相信他的话。但是,"慰情聊胜无",不是比没有看到这种近似云海的景象要好得多吗?

除了上面谈的四大奇景之外,我还有一点意外的收获,那就是我在黄山看了日出。日出并没有列入黄山四奇之内,但仍然可以说是一奇。北海的曙光亭,顾名思义,就是看日出的最好的地方。几十年前,当我还年轻的时候,我曾登泰山看日出,在薄暗中,鹄候在玉皇顶上,结果除了看到一团红红的云彩之外,什么也没有看到。我只有暗自背诵姚鼐的《登泰山记》,聊以自慰:

"及既上,苍山负雪,明烛天南。望晚日照城郭,汶水、徂徕如画,而半山居雾若带然。戊申晦,五鼓,与子颖坐日观亭,待日出。时大风扬积雪击面。亭东自足下皆云漫。稍见云中白若摴蒱数十立者,山也。极天云一线异色,须臾成五采,日上,正赤如丹,下有红光,动摇承之。或曰:此东海也。"

....

我挤在后面,同大家一样向着东方翘首仰望。天是晴的,但在东方的日出处,却有一团烟云。最初只显得比别处稍亮一点而已。须臾,彩云渐红,朝日露出了月牙似的一点,一转眼间,它就涌了出来,顶端是深紫色,中间一段深红,下端一大段深黄。然而立刻就霞光万道,白云为霞光所照,成了金色,宛如万朵金莲飘悬空中。

这篇登黄山的文章洋洋洒洒,把黄山的绮丽风光描绘得淋漓尽致,纵横恣肆,不但记述了作者在黄山的游历和见闻,也表达了作者对大自然的崇敬和赞叹，语言华丽，气势浩大，整篇文章一气呵成，宛如一部弦管齐下的交响乐，是季羡林散文中最见其功底的大手笔文章。

季羡林在《清塘荷韵》散文中也详细记录了自己从爱荷到种荷的过程：

> 有人从湖北来，带来了洪湖的几颗莲子，外壳呈黑色，极硬。据说，如果埋在淤泥中，能够千年不烂。因此，我用铁锤在莲子上砸开了一条缝，让莲芽能够破壳而出，不至永远埋在泥中。这都是一些主观的愿望，莲芽能不能长出，都是极大的未知数。反正我总算是尽了人事，把五六颗敲破的莲子投入池塘中，下面就是听天由命了。
>
> 这样一来，我每天就多了一件工作：到池塘边上去看上几次。心里总是希望，忽然有一天，"小荷才露尖尖角"，有翠绿的莲叶长出水面。可是，事与愿违，投下去的第一年，一直到秋凉落叶，水面上也没有出现什么东西。经过了寂寞的冬天，到了第二年，春水盈塘，绿柳垂丝，一片旖旎的风光。可是，我翘盼的水面上却仍然没有露出什么荷叶。此时我已经完全灰了心，以为那几颗湖北带来的硬壳莲子，由于无法解释的原因，大概不会再有长出荷花的希望了。我的目光无法把荷叶从淤泥中吸出。
>
> 但是，到了第三年，却忽然出了奇迹。有一天，我忽然

发现，在我投莲子的地方长出了几个圆圆的绿叶，虽然颜色极惹人喜爱，但是却细弱单薄，可怜兮兮地平卧在水面上，像水浮莲的叶子一样。而且最初只长出了五六个叶片。我总嫌这有点太少，总希望多长出几片来。于是，我盼星星，盼月亮，天天到池塘边上去观望。有校外的农民来捞水草，我总请求他们手下留情，不要碰断叶片。但是经过了漫漫的长夏，凄清的秋天又降临人间，池塘里浮动的仍然只是孤零零的那五六个叶片。对我来说，这又是一个虽微有希望但究竟仍是令人灰心的一年。

真正的奇迹出现在第四年上。严冬一过，池塘里又溢满了春水。到了一般荷花长叶的时候，在去年飘浮着五六个叶片的地方，一夜之间，突然长出了一大片绿叶，而且看来荷花在严冬的冰下并没有停止行动，因为在离开原有五六个叶片的那块基地比较远的池塘中心，也长出了叶片。叶片扩张的速度，范围的扩大，都是惊人地快。几天之内，池塘内不小一部分，已经全为绿叶所覆盖。而且原来平卧在水面上的像是水浮莲一样的叶片，不知道是从哪里积蓄了力量，有一些竟然跃出了水面，长成了亭亭的荷叶。原来我心中还迟迟疑疑，怕池中长的是水浮莲，而不是真正的荷花。这样一来，我心中的疑云一扫而光：池塘中生长的真正是洪湖莲花的子孙了。我心中狂喜，这几年总算是没有白等。

功夫不负有心人。几年之后，那一包莲花种子已繁衍成了满池塘的莲花。每年的夏天，满湖的绿叶丛中亭亭玉立着硕大的粉色莲花，使整个湖水增添了很多光彩。季羡林对种荷的详尽描述，展现了一个学者对大自然的眷恋之情，对一花一草的珍爱之心。全文在记叙中有欣赏，在过程中融希望，一篇种花的散文，写得曲折有致，风月跌宕，并在其记录大自然的成长蓄势中发现生命的力量。可以说，季羡林不仅是大自然的欣赏者，也是美好家园的勤恳园丁。

二、抒情与记事

季羡林的散文都具有一种点铁成金的魔力，文字经他手中的笔，会把一种真情深意传达到读者心中，使人读了不能不为之感动。如在《听雨》一文中，季羡林写道：

从一大早就下起雨来。下雨，本来不是什么稀罕事儿，但这是春雨，俗话说："春雨贵似油。"而且又在罕见的大旱之中，其珍贵就可想而知了。"润物细无声"，春雨本来是声音极小极小的，小到了"无"的程度。但是，我现在坐在隔成了一间小房子的阳台上，顶上有块大铁皮。楼上滴下来的檐溜就打在这铁皮上，打出声音来，于是就不"细无声"了。按常理说，我坐在那里，同一种死文字拼命，本来应该需要极静极静的环境，极静极静的心情，才能安下心来，进入角色，来解读这天书般的玩意儿。这种雨敲铁皮的声音应该是极为讨厌的，是必欲去之而后快的。

然而，事实却正相反。我静静地坐在那里，听到头顶上的雨滴声，此时有声胜无声，我心里感到无量的喜悦，仿佛饮了仙露，吸了醍醐，大有飘飘欲仙之概了。这声音时慢时急，时高时低，时响时沉，时断时续，有时如金声玉振，有时如黄钟大吕，有时如大珠小珠落玉盘，有时如红珊白瑚沉海里，有时如弹素琴，有时如舞霹雳，有时如百鸟争鸣，有时如兔落鹘起，我浮想联翩，不能自已，心花怒放，风生笔底。死文字仿佛活了起来，我也仿佛又溢满了青春活力。我平生很少有这样的精神境界，更难为外人道也。

在中国，听雨本来是雅人的事。我虽然自认还不是完全的俗人，但能否就算是雅人，却还很难说。我大概是介乎雅俗之间的一种动物吧。中国古代诗词中，关于听雨的作品是颇有一些的。顺便说上一句：外国诗词中似乎少见。我的朋友章用回忆表弟的诗中有"频梦春池添秀句，每闻夜雨忆联床"，是颇有一点诗意的。连《红楼梦》中的林妹妹都喜欢李义山的"留得残荷听雨声"之句。最有名的一首听雨的词当然是宋朝蒋捷的《虞美人》，词不长，我索性抄它一下：

少年听雨歌楼上，红烛昏罗帐。壮年听雨客舟中，江阔云低，断雁叫西风。

而今听雨僧庐下，鬓已星星也。悲欢离合总无情，一任阶前，点滴到天明。

蒋捷听雨时的心情，是颇为复杂的。他是用听雨这一件事来概括自己的一生的，从少年、壮年一直到老年，达到了"悲欢离合总无情"的境界。但是，古今对老的概念，有相当大的悬殊。他是"鬓已星星也"，有一些白发，看来最老也不过五十岁左右。用今天的眼光看，他不过是介乎中老之间，用我自己比起来，我已经到了望九之年，鬓边早已不是"星星也"，顶上已是"童山濯濯"了。要讲达到"悲欢离合总无情"的境界，我比他有资格。我已经能够"纵浪大化中，不喜亦不惧"了。

此间一个"情"字，并没有刻意描述，却呼之欲出。作者在听雨的过程中，是真正的用心在听，展现出一片心灵的原野：纯净，空灵，圣洁，宁静。这不是一般的描写大自然，而是天人合一的最佳境界。

在抒情方面，季羡林的散文最能打动读者的，是作者情感的质朴、真诚，这尤其是反映在他的一些怀念故友、旧交的怀旧性文章里。他在晚年时期所写的怀念吴组缃、胡乔木、汤用彤先生的文章，都是真情可见，温婉动人，荡气回肠，其中一些篇章，语言质朴，却又清隽感人。

如在《爽朗的笑声》一文中，季先生记述一位爽朗乐天的老干部在"文革"期间失去笑声的事情。他发现这位朋友"脸上一点笑容都没有，他成了一个不会笑的人。他已经把笑失掉，当然更不用说那爽朗的笑声了"。他又说："我从前知道笑是人的本能；现在我又知道，人是连本能也会失掉了。"这简单的几句话，道破了十年"文革"对人性的摧残，而最令人感到震撼的，是他笔锋一转，联想到自身的描写："我自己怎样呢？他在这里又在另一种意义上成了我的一面镜子。拿这面镜子一照：我同他原来是一模一样，我脸上也是一点笑容都没有，我也成了一个不会笑的人，我也把笑失掉了。"

写笑的丢失，实际是在抒发沉郁的感情和积郁心中的苦痛，于浩劫之后审视人之情感的巨变，痛定思痛，别具一格。读了这些文字，令人不禁怦然心动，一个中国老知识分子的人生况味，他的大爱与大哀，对国家命运的拳拳之心，都跃然纸上。

《赋得永久的悔》一文，是季羡林怀旧文章里最动情的一篇，文章的语句几乎都是平实的大白话，但读了这篇文章，没有人不为之感动，为之唏嘘。在此仅摘录文章的最后两段，便可得知季羡林先生的悔情之深：

对于这个情况，我最初懵懵懂懂，理解得并不深刻。到了上高中的时候，自己大了几岁，逐渐理解了。但是自己寄人篱下，经济不能独立，空有雄心壮志，怎奈无法实现，我暗暗地下定了决心，立下了誓愿：一旦大学毕业，自己找到工作，立即迎养母亲，然而没有等到我大学毕业，母亲就离开我走了，永远永远地走了。古人说，"树欲静而风不止，子欲养而亲不待"，这话正应到我身上。我不忍想象母亲临终时思念爱子的情况，一想到，我就会心肝俱裂，眼泪盈眶。当我从北平赶回济南，又从济南赶回清平奔丧的时候，看到了母亲的棺材，看到那简陋的屋子，我真想一头撞死在棺材上，随母亲于地下。我后悔，我真后悔，我千不该万不该不该离开了母亲。世界上无论什么名誉，什么地位，什么幸福，什么尊荣，都比不上待在母亲身边，即使她一个字也不识，即使整天吃"红的"。

这就是我的"永久的悔"。

这是一篇经典的悼念亡母的散文，使人读后感慨万千。对母亲的怀念，使一个在国际上享有盛誉的学者宁可愿意把成就全部抛弃，也要以此来替换与母亲相依为命。其真情也唯有九泉之下的亡母能够承受。无怪乎有学者评论："在我看来，季先生这篇真情文字，乃用'红'的'白'的写成（'红''白'是文中提及儿时吃的干粮），'红'的是血，心中淌着的血；'白'的是泪，沾湿稿笺的泪！"此文写得至情至性，百转千结，字字泣血，句句断肠，怀念母亲的深厚情感如决堤江河，汪洋恣肆。

季羡林的怀旧散文最感人的即是那朴实无华的真情，他的此类文章，如《站在胡适之先生墓前》《回忆雨僧先生》《忆念胡也频先生》《记周培源先生》《悼念沈从文先生》《我记忆中的老舍先生》等等，不但给人以岁月沧桑、生死契阔的人生感悟，还带给了读者一种从其他散文所得不到的文化学养。

如《站在胡适之先生的墓前》一文，作者以望九之年，在有机会访问台湾之际，站在老友墓前，追忆似水年华，思绪浮想联翩：

> 我现在站在适之先生墓前，鞠躬之后，悲从中来，心内思潮汹涌，如惊涛骇浪，眼泪自然流出。杜甫有诗"焉知二十载，重上君子堂"。我现在是"焉知五十载，躬亲扫陵墓"。此时，我的心情也是不足外人道。
>
> 我在上面谈了一些琐事和非琐事，俱往矣，只留下了一些可贵的记忆。我可真是万万没有想到，到了望九之年，居然还能来到宝岛，这是以前连想都没敢想的事。到了台北以后，才发现，五十年前在北平结识的老朋友，比如梁实秋、袁同礼、傅斯年、毛子水、姚从吾等等，全已作古。我真是"访旧全为鬼，惊呼热衷肠"了。天地之悠悠是自然规律，是人力所无法抗御的。
>
> 我现在站在适之先生墓前，心中浮想联翩，上下五十年，纵横数千里，往事如云如烟，又历历如在目前。中国古代有俞伯牙在钟子期墓前摔琴的故事，又有许多在挚友墓前焚稿的故事。按照这个旧理，我应当把我那新出齐了的《文集》搬到适之先生墓前焚掉，算是向他汇报我毕生科学研究的成果。但

是，我此时虽思绪混乱，但神智还是清楚的，我没有这样做。我环顾陵园，只见石阶整洁，盘旋而上，陵墓极雄伟，上覆巨石，墓志铭为毛子水亲笔书写，墓后石墙上嵌有"德艺双隆"四个大字，连同墓志铭，都金光闪闪，炫人双目。我站在那里，蓦抬头，适之先生那有魅力的典型的"我的朋友"式的笑容，突然显现在眼前，五十年依稀缩为一刹那，历史仿佛没有移动。但是，一定神儿，忽然想到自己的年龄，历史毕竟是动了，可我一点也没有颓唐之感。我现在大有"老骥伏枥，志在万里"之感。我相信，有朝一日，我还会有机会重来宝岛，再一次站在适之先生的墓前。

虽然文章所写仅是个人交往的细枝末节，却立见风云嵯峨，岁月沧桑，读之让人不胜感慨。该文情真语挚，温婉敦厚，其思想和历史蕴含博大深广。凡此类怀念文章，季羡林的文笔都是如此素朴婉切，情真意长，一代知名人士和老知识分子的风采、情操以及不凡的人生片段，都在季羡林的笔下一一再现，使人在无形之中，受到了浓郁的文化熏陶。季羡林的散文，是真正的学者散文。

季羡林对语言研究造诣很深，他对散文的用字也最为讲究，而这种讲究又是在不经意之中。他的散文质朴无华，没有什么雕琢和修饰，却光彩照人，韵味无穷，所谓的大音希声，至乐无乐，正是他运用语言的高超之处。

在《天雨曼陀罗》里，作者写印度人民欢迎他时，用了这样两句:"我看到他们那眼神深邃似大海,炽热像烈火,灵动像流水,欢悦像阳春,我简直无法抑制住我内心的激动了。"这些贴切的比喻,并没有什么新奇艳丽的词藻,但却给人以诗的意境,和丰富想象的空间。《春城忆广田》中有几句:"在昆明短暂的停留,日子过得简直像在天堂里一样。但是在我的内心深处,总感到好像缺少点什么,我感到有点不足,有点惘然,有点寂寞,有点凄凉,有点惆怅,有点悲哀。"这平实如白话的语言,由于用了一个恰如其分的长的叠句,而且不足之意层层递进,层层深入,就使深情厚意跃然纸上。这些感人肺腑的语句,没有真切的生活实感,没有挥洒自如的文字功力,是无论如何也锤炼不出来的。正如季羡林的童年生活中所展示的,他自幼便爱读中国古典诗文,背得许多古诗词,他挥洒自如的表达能力,也是建立在深厚的国学根基之上的。

他自称:"我一向喜欢抒情的文字。念《古文观止》一类的书的时候,真正打动了我的心的是司马迁的《报任少卿书》、陶渊明的《桃花源记》、李密的《陈情表》、韩愈的《祭十二郎文》、欧阳修的《泷冈阡表》、苏轼的《前后赤壁赋》、归有光的《项脊轩记》等一类的文字,简直是百读不厌,至今还都能背诵。我还有一个偏见,我认为,散文应该以抒情为主,叙事也必须含有抒情的成分。至于议论文,当然也不可缺,却非散文正宗了。"

从这里,我们可以看出,正是他的古典文学的修养,和他对散文的独特追求,才使他的散文能够"尽得风流"。当然,没有对散文写作的钻研,没有对文字的一番推敲,也是难以达到如此境界。

读季羡林的散文,人们既会被季羡林高尚的人格力量所吸引,也会被其艺术魅力所陶醉。读季羡林的散文,也如同见他的为人,他的淳朴、亲切、睿智、幽默,没有一丝一毫的炫耀、溢美、浮夸和说教,都会真实地呈现在读者的眼前。著名历史学家邓广铭先生曾写过《向文科研究生推荐一本必读书》,就是推荐季羡林的《留德十年》。邓先生认为,《留德十年》,无论在为人、治学还是行文著书方面,都是文科研究生学习的样板;而实际上,不单是文科研究生,作为一名老知识分子,季羡林是所有学人应该学习的楷模,不论是做人,还是作文。

三、富有哲理的散文

这些散文将季羡林先生的理性思维充分地展现出来。比如,在他年轻时期的一些散文,就将他的散文功力展现出来。其中一篇散文《年》,便很得当时学校教授们的赏识,尤其是叶公超先生。他非常欣赏这篇散文,他评论说:"你写的不仅仅是个人的感受,而是'普遍的意识'。"他还特别推荐这篇散文发表在《学文》杂志上。这篇散文,反映了年轻的季羡林思想里就有一种本能的哲学意识,文章写得很美,也极富哲理性:

年,像淡烟,又像远山的晴岚。我们握不着,也看不到。

当它走来的时候,只在我们的心头轻轻地一拂,我们就知道:年来了。但究竟什么是年呢?却没有人能说得清了。

作者在文章里用了一个很有寓意的比喻来形容他理解的人生之年:

当我们沿着一条大路走着的时候,遥望着路茫茫,花样似乎很多。但是,乃至走上前去,身临切近,却正如向水里扑自己的影子,捉到的只有空虚。更遥望前路,仍然渺茫得很。这时,我们往往要回头看看的。其实,回头看,随时都可以。但是我们却不。最常引起我们回头看的,是当我们走到一个路上的界石的时候。说界石,实在没有什么石。只不过在我们心上有那么一点痕迹。痕迹自然很虚缥。所以不易说。但倘若不管易说不易说,说了出来的话,就是年。

最后,作者以一种宿命的观点对时间的无常和无奈做了总结:

当我们还没有达到以前,脚下又正在踏着一块界石的时候,我们命定的只能向前看,或向后看。向后看,灰蒙蒙,不新奇了。向前看,灰蒙蒙,更不新奇了,然而,我们可以做梦。再要问,我们要做什么样的梦呢?谁知道。——一切都交给命运去安排吧。

应该说，对一个二十几岁的青年，能够写出这样富有哲理的生命散文，的确是表现出了不凡的才华，并显示了季羡林的文章在年轻时代就有了自己的特色。但散文的最后一句话"一切都交给命运去安排吧"，却被当时的左派刊物抓了辫子，嘲笑季羡林的散文是发出了没落的教授阶级垂死的哀鸣。这倒从另一个方面抬举了季羡林，他当时还仅是一个穷学生，每月仅6元的伙食费，怎么会发出教授阶层的哀鸣呢？只能说，季羡林的文笔和人生感悟，让人误以为是老教授罢了。但这些最初的散文，却是引领着季羡林走向文学殿堂的楔子。

季先生在《八十述怀》的文章里，曾生动地阐述了他的人生态度，尤其是对老年的态度：

> 我现在正像鲁迅的散文诗《过客》中的那一个过客……我理解这个过客的心情，我自己也是一个过客。但是却从来没有声音催着我走，而是同世界上任何人一样，我是非走不行的，不用催促，也是非走不行的。走到什么地方去呢？走到西边的坟那里，这是一切人的归宿。我记得屠格涅夫的一首散文诗里，也讲了这个意思。我并不怕坟，只是在走了这么长的路以后，我真想停下来休息片刻。然而我不能，不管你愿意不愿意，反正是非走不行。聊以自慰的是，我同那个老翁还不一样，有的地方颇像那个小女孩，我既看到了坟，也看到野百合

和野蔷薇。

这是季先生在 80 岁时写的文章。光阴似箭，转眼间当季先生到了 90 岁的时候，他又写了《九十述怀》，又是一个新境界：

像鲁迅笔下的那一位"过客"那样，我的任务就是向前走，向前走，前方是什么地方呢？老翁看到的是坟墓，小女孩看到的是野百合花。我写《八十述怀》时，看到的是野百合多于坟墓，今天则倒了一个个儿，坟墓多而野百合花少了。不管怎样，反正我是非走上前去不行的，不管是坟墓，还是野百合花，都不能阻挡我的步伐。

在《老年谈老》一文中，他写道：

不抢先夹塞活下去目的何在呢？要干些什么事呢？我一向有一个自己认为是正确的看法：人吃饭是为了活着，但活着却不是为了吃饭。到了晚年，更是如此。我还有一些工作要做，这些工作对人民对祖国都还是有利的，不管这个"利"是大是小。我要把这些工作做完，同时还要再给国家培养一些人材。我仍然要老老实实干活，清清白白做人；决不干对不起祖国和人民的事；要尽量多为别人着想，少考虑自己的得失。人过了八十，金钱富贵等同浮云，要多为下一代操心。少考虑个人名利,写文章决不剽窃抄袭,欺世盗名。等到非走不行的时候,就顺其自然,坦然离去,无愧于个人良心,则吾愿足矣。

静水流深。季先生不是善谈的人,他更多的是用他的笔来书写他的人生感悟。他是在喧嚣的人生中默默地走着自己的路,走得艰难,但走得坚实。他客观而冷静的人生态度,使他在晚年愈发能够在学术与生活中游刃有余。他是这样来理解"老"的:

人们渐渐地觉得老了,从积极方面来讲,它能够提醒你,一个人的岁月绝不是取之不尽用之不竭的,应该抓紧时间,把想做的事情做完,做好,免得无常一到,后悔无及。从消极方面来讲,一想到自己的年龄,那些血气方刚时干的勾当就不应该再去硬干。

四、学者的幽默

这反映在他对最喜爱的猫的描写上。

季羡林有一大爱好,几乎为大家所熟知,就是爱猫。小猫陪季羡林散步,已是北大朗润园的一个景观。每天早晨6点,都会在朗润园的未名湖边的小土丘上,看见季羡林先生背着手散步,他的身边或左或右还跟着一只白色的小猫。季先生向前走,小猫就跟着走,季先生停下来,小猫也跟着停下来。世人都知道狗通人性,陪人散步,却少见这样乖巧、有灵性的猫。其实,只要读过季羡林的散文《老猫》,就不难理解何以小猫会这样机灵了。在这篇文章里,季羡林道出了自己之所以喜欢猫的原因:

> 我从小就喜爱小动物。同小动物在一起,别有一番滋味。它们天真无邪,率性而行;有吃抢吃,有喝抢喝;不会说谎,不会推诿;受到惩罚,忍痛挨打;一转眼间,照偷不误。同它们在一起,我心里感到怡然、坦然、安然、欣然。不像同人在一起那样,应对进退,谨小慎微,斟酌词句,保持距离,感到异常地别扭。

在散文里,我们还看到季羡林对小动物的一派慈悲善良之情。有一段这样写的:

> 我同虎子(指季先生养的猫)和咪咪都有深厚的感情。每天晚上,它们俩抢着到我床上去睡觉。在冬天,我在棉被上特别铺上了一块布,供它们躺卧。我有时候半夜里醒来,神志一清醒,觉得有什么东西重重地压在我身上,一股暖气仿佛透过了两层棉被,扑到我的双腿上。我知道,小猫睡得正香,即使我的双腿由于僵卧时间过久,又酸又痛,但我总是强忍着,决不动一动双腿,免得惊了小猫的轻梦。它此时也许正梦着捉住

了一只耗子。只要我的腿一动,它这耗子就吃不成了,岂非大煞风景吗?

季先生惜猫而不顾自己的舒适,可见对猫的关爱非一般主人能比。最让人又好笑又感动的是被季羡林宠爱坏了的小猫,最喜欢去季羡林的书桌,弄那些稿纸类的东西。有时,季先生正写着什么文章,但小猫却根本不管这一套,跳上去,屁股往下一蹲,一泡猫尿流在上面,不光有一股臊味,还闪着微弱的光。季羡林说不急,是假的。但他严格遵守自己订的戒律:在任何情况下,也决不打它一掌。于是,唯一能做的就是赶紧把稿纸拿起来,抖掉上面的猫尿,等它自己干了,再写。也正是因了季先生对猫的理解和关爱,才会出现那一幕猫与主人散步的奇观。而且,因为平时与猫的接触多了,对猫有了细心的观察,还使季先生觉出应该向猫学习一些有用的东西。

季先生已经把猫看成了是他的家人。他自称"我的家庭成员实际上并不止我一个人,我还有四只极为活泼可爱的、一转眼就偷吃东西的、从我家乡山东临清带来的白色波斯猫,眼睛一黄一蓝。它们一点礼节都没有,一点规矩都不懂,时不时地爬上我的脖子,为所欲为,大胆放肆。有一只还专在我的裤腿上撒尿。这一切我不但不介意,而且顾而乐之,让猫们的自由主义恶性发展"。猫已成为季先生的家庭成员,按照季先生的性情,自然是要让家人得到最大限度的自由了。季羡林养的猫已经熟知了他的生活习惯,每天晚上快到《新闻联播》的时候，它们就都等在电视机前面的沙发上，因为它们知道老爷子看《新闻联播》是雷打不动的，在季羡林看《新闻联播》的时候，它们便分别卧在他的身上。有时电视节目演完了，但猫们还没有睡醒，季先生只好继续躺着，让他宠爱的猫们再继续睡上一段时间。

这让我想起了西方的一句玩笑，说是看一个人是专制的还是民主的，就看他养的是猫还是狗。因为狗的优点是服从，而猫是要精心呵护的，是个性主义的。毫无疑问，季先生是一个主张民主的人。民主到让猫成为他生活中的主人。

自从 2003 年住进 301 医院后，季羡林先生的社会声望也越来越高，他的精神世界也越来越丰富，他几乎每天都有新思想，每周都有新文章。党和国家领导人也多次去医院看望季先生，而季先生对此却有清晰的认识。尽管大家都"相期以茶"祝颂季先生，因为他的肩上还有许多使命，但季先生却总是说自己是一个最普通的人，不是社会上赐封的那些所谓的大家。他对自己的学术成就是无比清醒和谦恭，他并没有被社会上给予他的许多崇高的称谓和赞誉冲昏头脑。

他在《病榻杂记》里清醒地反躬自省："不管我自己有多少缺点与不足之处，但是认识自己我是颇能做到一些的。我认为，自己绝不是什么天才，绝不是什么奇才异能之士，自己只不过是一个中不溜丢的人；但也不能说是蠢材。"季先生在文中详细分析了他对天才的认识，认为自己并不是像凡·高那样的天才，还承认自己：

"在伦理道德方面，我的基础也不雄厚和巩固。在这方面，我有我的一套理论。""至于我自己，一般人的印象是，我比较淡泊名利。其实这只是一个假象，我名利之心兼而有之。只因我的环境对我有大裨益，所以才造成了这样一个假象。""不过，我在这里必须补充几句。即使我想再往上爬，我决不会奔走、钻营、吹牛、拍马，只问目的，不择手段。那不是我的作风，我一辈子没有干过。"

基于这种对自己近乎剖析的分析，季先生对自己在荣誉上所受到的极大的推崇更是淡而视之。他写道："我在上面曾经说到，名利之心，人皆有之，我这样一个平凡的人，有了点名，感到高兴，是人之常情。我只想说一句，我确实没有为了出名而去钻营。我经常说，我少无大志，中无大志，老也无大志。这都是实情，能够有点小名小利自己也就满足了。可是现在的情况却不是这样子。已经有了几本传记，听说还有人正在写作。至于单篇的文章数量更大。其中说的当然都是好话，当然免不了大量溢美之词。别人写的传记和文章，我基本上都不看。我感谢作者，他们都是一片好心。我经常说，我没有那样好，那是对我的鞭策和鼓励。"

出于此种认识，季羡林先生郑重提出："我现在借这个机会廓清与我有关的几个问题。"季羡林掷地有声地做出了"辞'国学大师'""辞'学界（术）'泰斗""辞'国宝'"的决定。

三辞大师称号，彰显了季羡林先生的高尚情操。这是季羡林式的高尚，也是季羡林式的情操，唯有季羡林先生，才能做出这种清明脱俗的决定。

季羡林的散文成就，可以说是润物细无声，平淡的文字背后，是丰富的文化修养和严谨的知识学养，其风格沉雄与冲淡融合，清丽与蕴藉双汇，既工致俊逸，又朴实浑厚，其文情渊茂，蔚然可观，可谓一代大家。在季羡林的散文中，你可以感受到作者的从容抒情、古朴幽峭，也可以领略其内容的水流花放、姚黄魏紫。这就是季羡林即使是硕学鸿儒，其文章精要仍旧被大众所喜爱的魅力所在。

　　庄子曰："若夫不刻意而高，无仁义而修，无功名而治，无江海而闲，不道引而寿，无不忘也，无不有也，淡然无极而众美从之；此天地之道，圣人之德也。"（《庄子·外篇·刻意》）

　　不刻意而高，是对季羡林一生的概括，也是对季羡林文学成就的概括，更是对一个人的修养和胸襟的最高概括。事实也是这样，季羡林先生的学术和文字生涯，使他成为当之无愧的东方鸿儒。

　　人们尊称他是"北大之宝""中国之宝"乃至"世界之宝"。他是当之无愧的。

高山仰止
——与季羡林对话

20世纪90年代初期,新闻出版总署主办的国家图书奖的评奖工作开始举办。每两年举办一次,每次分为初评和复评两个阶段。在这个评奖活动中,我有幸与季羡林先生一起工作,成为他的工作联络员。每次开会之前,我都要向季先生汇报本届送评图书有什么特点,有什么需要特别关注的,有什么要特别注意的。评奖期间,我负责照顾季先生的生活以及业务联络,这期间与季先生结成了忘年交。为了写好《季羡林传》,我与季先生商量好,利用我们在一起开会的期间进行采访。

1997年7月,在北京宽沟招待所,我向季羡林先生就他的一些生平往事进行了采访。每天早晨5点起床,陪着先生在树木茂密、花草丛生的院子里散步。虽然话题是松散的,但因为围绕着季先生的生平,也就形散而神不散。几天散步下来,经常被也早起散步的专家们看到,有时专家们也会加入这个谈话中,出于礼貌,一般这个时候我会把录音关掉,现在看来真是一个巨大的损失,也是巨大的遗憾。因为这些专家都是国内一流的学者,包括任继愈、王朝闻、袁行霈等等，讨论都很精辟，学者之间的讨论都是很高深的，我当时就消化不了，但因为没有录音，也终成遗憾。而大部分专家都已作古。

访谈经过季先生的审阅，他几乎一字都没有修改，说明访谈既真实又认真，今天读来，意义仍旧存在。

《季羡林访谈录》

于青（以下简称于）：季先生您好，因为要写您的传记，我想就一些史料性的问题向您请教。

季羡林先生（以下简称季）：可以。这些方面的材料我都写过文章，你可以去查一查。

于：好，我们就开门见山。季先生，您去德国留学10年，回国后您先后去过上海、南京，后来就直接去了北大，就是没有回到家乡济南。这中间有一年多的时间就在家门口，为什么没有回去呢？

季：交通断绝。当时是解放战争时期，火车线全断了，从上海到秦皇岛到北京由美国兵把守，其余的火车线都不通。到济南只有一条路可走——坐飞机，但机票又特别难买，没有办法。

于：噢，当时叔父还健在吧？

季：健在。

于：后来他什么时候去世的？

季：1962年。他逝世以后，1962年老祖（季先生的婶婶）搬

"季荷"（季先生宿舍前）

季先生书房一角

季先生与"虎子"

季先生在2001年

季先生在书写

季先生在读书中

来的，要不家庭还来不了，要陪他。所以说，我一个人过独身生活，从1946年一直到1962年，在北大。1946年就这样，1947年回去，1948年北京解放。当时北京的知识分子，包括我在内，对国民党是认识到了它的贪污腐败，对共产党还不清楚，所以几乎每个人脑中都有一个问号。当时胡适非常有意思，1948年北大校庆，胡适校长举行了一场庆祝活动，城外有炮声，有人说北大放礼炮，当时很紧张。活动完了以后，胡适就去坐飞机，在东单飞机场，就是现在崇文门一个公园那儿起飞。胡适走了以后……

于：胡适走了以后，带了几个教授？

季：没带。他到了南京，派了一架专机到北京接人，挺混乱的，好多人没走，原因就是对国民党没有什么希望和信心。我当时37岁，还不够格，胡乔木在清华，劝我做地下工作。我说我胆子小，不愿意冒这个险，也没有这个本领。当时对共产党也不清楚，因为国内宣传对共产党不利。后来到东四去欢迎冯至。

于：胡适的名单上有冯至吗？

季：没有，他比我大不了几岁，也不够。像冯友兰、汤用彤等人都没走。听说飞机从北京到南京，胡适亲自在机场迎接，他以为这些老朋友都去了，结果一下飞机，好多人没去。胡适大哭一场。因为是关键时刻，意味着要分离了。

当时北大知识分子坚决拥护共产党的有几个，许健衡、杨汉卿、樊弘。他们在民主广场发表演说，骂蒋介石。那个时候有个说法，说北京有两个解放区：一个在北大的民主广场，另一个在清华园。民主广场就在红楼后面。

1949年"七一"的时候大家高兴,庆祝党的生日,党支部号召大家去的。那天下大雨,老知识分子兴致非常高。这个观念怎么转变的,很难说。看到了解放军进城。

(第二天)

于:(因比季先生晚到,不好意思的)季先生您早起来了。您几点起来的?

季:今早4点到5点,(此时季先生刚做完白内障手术)几十年来都这样,现在已成为习惯了。我搞了一辈子行政工作,先是当系主任,后来当副校长。一到办公室去,就有各种各样的杂事。要做点学问的话,只有早起,一开会,就早晨4点起。

于:那时脑子最清醒。

季:对。新中国成立后,我是积极的。北大先组织教授会,我参加了,还有罗常培等。后来,教授会又进一步改成教职员联合会,当时想成立工会,工人不许,说知识分子是资产阶级,怎么能成立工会?这个问题反映到刘少奇那儿,刘少奇下了一定义,说知识分子不是工人,而是工人阶级。领导讲话了,工人才同意教职员成立工会。那所谓的工人,就是学校里的工友,鱼龙混杂,什么样出身的都有。工会成立了,我这辈子得的第一个积极分子就是工会积极分子。当时北大有六个学院:农学院就是现在的农业大学,工学院后来归清华了,医学院就是北京医科大学,等等,这些都有工会。跟其他工厂工会一样,会员一起活动。

于：那时您还是担任东语系主任吧？

季：一直是，几乎40年了。后来做过工会的组织部长、秘书长、工会主席。出城后又做全校的工会主席。"文化大革命"时，为了这个工会主席，我被批斗了起码有10次，说臭知识分子怎么当上了工会主席，钻进工人阶级队伍里来了？当时也有的知识分子，比如周炳琳，他就比较硬。

刚一解放，还举行了思想改造运动和"三反五反"。"三反五反"是搞阶级问题的，思想改造是针对知识分子的。对资产阶级思想进行改造，那时候够厉害的，好多情况都出现了。像陈某某，清华教授、诗人，搞甲骨文很有成绩的。他在给别人买古董时，中间账目不清楚，就被称为"大老虎"，贪污分子。今天说他贪污10万，第二天就说100万，第三天就说1000万，不着边际地夸大。后来1952年以前，"浮夸风"已经开始，就把一堆"大老虎"从清华拉到民主广场斗争，当时我们的头脑里真信有100万，1000万……学校里的改造就是这个样子。

再有一个名词叫"洗澡"，分"大盆""中盆""小盆"。"小盆"主要是教研室主任，我这个系主任属于"中盆"。"大盆"就是重点人物与校领导，比如朱光潜、周炳琳。当时北大还没有校长，只有校务委员会主席汤用彤，马寅初还没有来。

所谓的"洗澡"就是自我批评，下面给提意见，有时候一天五六次。当时我是"中盆"，还比较幸运，两次就通过了，就是说群众同意了，群众包括教师和学生。我通过以后，就成了文学院和法学院思想改造领导小组的组长。在北大知识分子当中是比较早的，1956年入的党，当时还没有几个。下一批入党在1959年，非常难的，当时参加中国共产党觉得真的光荣。

"洗澡"时我检查两件事：一是新中国成立前我认为一切政治都是肮脏的，二是说外蒙是中国的，列宁当时有句话叫外蒙还给中国，后来斯大林不执行。检查后我说第一条在政治上国民党是肮脏的，共产党是干净的，第二条是由于阶级根源。我出身于贫雇农，我家只有半亩地，兄弟三个，小弟送人了，两个大的没饭吃，就到枣林捡掉在地上的枣，相当苦的。但是，后来我到了济南，就变成了小资产阶级。由于这个根源我才认为外蒙是被苏联抢走的。

于：这一段您的学术传记没有提到吧？

季：没有。

于：我在《人格的魅力》上看到有篇回忆文章说，这个时候像国庆游行啊一些活动，您一般都带头参加。甚至在抗美援朝的时候，当时知识分子没有什么经济基础，您就和一个助手搞了一个外交资料翻译，然后把稿费捐给国家了。您翻译的是什么资料，稿费高吗？

季：好像是关于越南的资料，不是学术的，也不是文学的。稿费很微薄，只是表示一种心愿。知识分子最好的时间就是50年代，尽管今天提这个，明天提那个，但知识分子的心境比较好。这段时期不断有活动，静下心来的时间就在早晨，所以养成了早起的习惯。

思想改造完了以后，又有政治活动，我改成了"小盆"，也得检讨、自我批评。他们搞修正主义，就是"智育第一，业务至上"，当时我在东语系。每次运动我都检查，检查都没有问题，但我检查之后，死不改悔。我想当时我要改悔的话，就一无所成，什么都写不出来了。

于：我通过读一些资料，发现您的一生虽然像张中行评价的那样——厚朴，外表上很平和，待人接物彬彬有礼，但我觉得您的性格还是很执拗、很执着的。一直坚持自己的东西，但不张扬。

季：我这个人，其实脾气很急的。我说过我原来是一块铁，现在磨得把棱角都磨光了，变成了琉璃球。

于：但您的威严还是能透过内心世界表现出一种神态和气韵。

（郑慧老师路过，也参加了交谈。郑慧，时任《百年潮》杂志主编，他看见我几天都与季先生交谈，知道我们搞一个访谈录，他提议，这个访谈录完成后，拿到《百年潮》杂志刊登。后来，完成了访谈录后，真的给了郑慧，并在当年的《百年潮》发表了。）

郑：我是搞党史的，跟过乔木很多年，您写过一篇很好的纪念乔木的文章。

季：我这篇文章，胡的家属看了会满意的，外界会觉得比较公正。乔木这个人，人情味非常浓，有时候是非常矛盾的。他如果不从政的话，做学者，是很优秀的。

郑：他心里的东西，很少对我们讲。现在外界对他的评价，还是认为他比较"左"的。对他处理周扬的问题，很多人不理解。

于：季先生，我觉得写您一个人的传记，等于写一代知识分子的传记。因为您周围接触的这些知识分子，尤其是跟您往来比较久远、密切的，都跟您有一些相同的性格特征，这是中国知识分子的优良传统。有的棱角很坚硬，把自己都搭上去了，但大部分都是在温和的外表下坚持自己的信念。

季：可以这么讲，不过也有例外。有一篇文章叫《新生》，反映得很好，讲中国知识分子确实爱国。

于：再请您讲讲"文革"时期的情况吧。

季：当时北大贴大字报，1965年搞四清，1965年底姚文元写那篇文章《评新编历史剧〈海瑞罢官〉》，"文化大革命"开始了。1966年5月25号，贴大字报，有两派，当时我不在，不清楚。回来后大吃一惊，北大像庙会一样，几万人。当时几乎每个地方都分两派，都是打、砸、抢。北大的"井冈山"也是打、砸、抢，不过毕竟是反对聂元梓的。当时我对周培源这个人非常佩服，他正义感非常强，在教授中最先旗帜鲜明地参加"井冈山"，跟学生一块儿活动，反对聂元梓。整个"文化大革命"中北大自杀的教授就有70个，著名的比如翦伯赞等。

我回来以后，没什么事儿，因为我也没参加国民党。后来被扣上了"资产阶级反动权威"，这个是没办法，一级教授几乎都被说成是反动权威。到了1967年，我在日记上有一句话叫"为了保卫毛主席的革命路线，粉身碎骨在所不辞"。我不清楚究竟什么是群众路线，但我认为聂元梓是反对毛主席群众路线的，她一个人独断专权,整个财权、人权都掌握在她手里。外面一个中学生,跟她不是一派的,被用长矛给捅死了。"井冈山"为什么反对她,我也不清楚。

对聂元梓,教授也分两派:一派"有奶便是娘",随大流;一派是好的,不参加。

聂元梓这个人,我原来对她很熟的,这个人是又蠢又狠。她每次在学校做的报告,讲话里必定出问题,把资本主义说成社会主义,把社会主义说成资本主义。要换成别人讲溜了嘴,那就不得了了,那就是现行反革命。

从当时的活动可以看出一个人的品质。随大流,我觉得无所谓,每个人都想趋吉避凶嘛,这是人的本性。但聂元梓是坏人,品质次极了。说她"蠢",就是每次开大会,不管是全校的还是跟"井冈山"开辩论会,她都说错,她的徒子徒孙总是替她捏了一把汗。说她"狠","井冈山"占据了一座楼,她就断电、断水、断粮。她还把钢管截成长矛,前面磨尖了,用来扎人。

所以周培源旗帜鲜明地反对她,周老是主持正义的,他为什么离开北大呢?就是他不理江青那一套,江青没办法,请他到政协做副主席,目的就是要他离开北大。当时中央有个名单,是要保护的,周培源是其中之一,也是北大唯一的一个。这个名单是周总理定的。我在牛棚关了8个月,出来以后变了,不敢抬头看人。因为在劳改大院,跟人说话你要抬头,人家上去一个耳光,所以讲话都不知道对方是谁。到商店买东西,我都不知道怎么说,不敢叫同志，滑稽极了。

关了那么久，什么人也不认识了。当时劳改大院的人都想着自己以后的路，大半想将来自己一定会被流放到什么地方，比如新疆啊，待一辈子。很多人都有这个想法，觉得没有希望。

出来后我被分配在东语系传达室工作，听电话，传电话，分发文件等。事情不多。还想做点事，晚上就把梵文的《罗摩衍那》抄在纸上，上班时没事干就琢磨如何译成中文。当时只想做点事并没有想到出版。

于：您刚才说过在这期间不敢抬头跟人说话，碰上打您的，您的心情是什么样的？

季：当时想，知识分子把自己一生最舒服的生活丢掉回来，回来受到这么对待。像老舍，从美国回来。"文化大革命"一开始，他在医院里面，虽然他这样的人，"文革"逃不掉的，但起码一开始躺在医院，就别出来了，他却非出来不可。最初不清楚"文化大革命"向哪个方向发展。有一次会上点名，他挨打了，第一次挨打，他受不了。

于：您挨打多吗？

季：没有不挨打的。当时讲话都是"你妈的"，国骂。

于：有些人是长期在这种文化环境下生活，忍耐力增加了。而老舍从美国回来，他回来受到这个，肯定受不了。

季：对，而且这个人非常正直，满族人，一打他受不了，就自杀。当时很多人自杀，也是对尊严的保护。

于：季先生，您要是受到这种委屈和不公，恐怕心里会很有数，但不会以一种很激烈的形式表现出来，是吧？

季：是。当时回到中国以后，有一句话讲"士可杀，不可辱"，现在已经证明"士可杀，亦可辱"。

于：这个"辱"只是表面上、形体上的辱，内心世界是坚决抵制的。

季：对。再讲挂牌子。当时北大是（被）朝圣的，朝了10万人，整个校园全是人。北大怎么做，全国立刻都怎么做。北大挂牌子，脖子都勒进去了。木头也沉啊，有大有小，"坐飞机"。

于：我上中学以前，我家旁边有一个教师进修学院，批斗一些"学术权威"，有一个高教授，我看到他被带上大牌子，脖子被铁丝头唰地一下划了一个口子，血珠子都凝了，一个一个血珠子在上面凝着，这给我印象特别深刻，后来我写一个中篇小说，写到"文革"期间的时候，就把这个事例用上了，这是留在我脑子里唯一的一个武斗印象。

季：那时关在牛棚里劳动，小孩儿拿石灰往你眼睛里扬。当然也不能怪小孩儿，他认为你是坏人，也得让他打。

于：打您要打得很厉害，您会不会再产生自杀的念头？

季：后来没有。我当时心里还是拥护"文化大革命"的，一直到1976年。那时都昏了头了。我只关了8个月，还有的关了几十年。当时我们有个想法：以后不能随便打人。那个地方天天斗争，不管哪个单位，只要批斗，就来要人，非常野蛮的。

于：您的《一个老知识分子的心声》那篇文章里面，我觉得虽然没有用一种明确的语言写出来，但还是透出来一种情绪：您对多难的知识分子有一种不可言说的忧伤，是吧？

季：当时那篇文章也看得出来我在骂，不要再当知识分子。历史上，比如说一个朝代，打天下的时候，知识分子用不着，当然有时候也用得着，像给你出兵，给你出谋，打完天下以后说知识分子只是帮忙。可是我们国家、民族的文化靠知识分子传承，所以知识分子始终应该得到一种地位，起码是一种尊敬。

于：您作为一个学者，始终能保持平静的心境。我觉得您在大喜、大悲、大怨、大难面前不能说内心没有波澜，但总是能保持一种常态。这种心境最大的一种支撑是什么？

季：在社会上磨，我说过我原来是有棱角的，后来磨光了，现在感觉就顺其自然。人说五十而知天命是有道理的，要尽到责任。指望天上掉下馅饼来是办不到的，必须尽人事。

（第四天）

于：那写这种小杂文、小散文，您是不是都利用开会的时间、间歇的时间，这些时间的下脚料写成的？

季：现在会不太多了，我跟《新民晚报》有个口头协定，两周发一次，一次1000字，叫"人生漫谈"，范围大一些，有什么感触就讲一讲。我活到80岁了，对人生问题是怎么看的，就一、二、三……发表一些怪论。最近写了一篇文章，论包装，1000多字。

于：除了别人的约稿《赋得永久的悔》外，您觉得一生比较后悔的事是什么？

季：我说过我不应该出来，应该在家务农。

于：您认为贫农跟您现在这样著作甚丰，在学术界非常有地位相比较，您还是愿意做一个农民吗？

季：我还是愿意做一个农民。

于：为什么？除了跟母亲在一起外。

季：没在一起，要在一起就没有永久的悔了。我很少回家，最后一次是我母亲去世。我在回忆汤用彤的文章讲过，我并不是什么高人，我是"炒"出来的名人。名利观念我都有，但是表现很淡。1956年，我45岁，评上一级教授、中科院社会科学部委员，八大参加翻译处，在学校里面是到头了，还有什么争的？我想如果给我评二级教授，我会争一级。到头了就表现为名利思想很淡，实际上不是那样的。

于：季先生，您的入党介绍人是谁？

季：是当时我们的总支书记贺剑城、黄宗鉴。北大第一批入党的只有几个人。像曹靖华，他有基础，与鲁迅的关系、与我们党的关系都很密切。翦伯赞早就是党员，这个保密。

大家对我这么捧，所以我说我是炒出来的。

于：那您还有几百万字的文集啊？

季：那是写文章，文学创作。现在买的有些书很差劲，写文章确实要有自己的观点、自己的材料。

再讲思想宣传。我认为做什么事，特别是宣传，最好是讲一般人都能接受的那个水平，不要提得太高，太高容易让人望而生畏。像董存瑞、邱少云这样的烈士，牺牲时讲毫不利己、专门利人，但是一辈子都这样，我觉得没有，谁也做不到。

于：在人都有一种本能的自我保护的情况下，按照您的做人原则，怎么样才能更谦和，才能更像那种您所欣赏的坚持原则的品格呢？

季：我后来在讲道德的时候说过，衡量一个人的道德水平就是看他是为自己考虑还是为别人考虑。如果60%是为别人考虑，那他就是好人，不要要求太高。如果70%为别人考虑，这就是好人中的好人。100%是没有的，替自己考虑是应该允许的。

这里面还有个手段问题。采用正当的手段去争，这无可厚非。就像我们这次评奖（指第三届国家图书奖评奖），每个出版社都想获奖，我觉得这是正常的。没有一个会说：我根本不在乎，那是假话。但是通过不正当的手段来争，我觉得不好。

于：我看《人格的魅力》上有一篇文章，重点把您对社会科学和科技之间的关系阐述了一遍，我看了觉得季先生对社会科学的理解是非常透彻的。

季：现在都提科技是第一生产力，不提社会科学是生产力。曲阜师范大学有一篇文章就讲社会科学也是生产力。

原来提科技兴国，其实光有科技是兴不了国的。离开科技不行，光有科技也不行。拿日本来讲，1868年明治维新，就是从文化教育开始。好多人脑子里以为靠科技就能兴国，后来感觉不妥，改成科教兴国。

不提研究语言、文学的，对他们的积极性有所挫伤，他们会认为我们研究这些，对兴国没有用处。实际上我说每个中国知识分子都希望我们国家兴旺发达，这是中国知识分子的特点。我问了许多社会科学院的人，他们都垂头丧气，把中国社会科学院删掉，怎么能行呢？

于：对人文方面有些东西，是重视得太厉害了，所以到了一种不敢正视的情况。比如"文革"时期，说文艺为政治服务。其实文艺是有多种功能的。

季：对。"小说反党"这个话是非常幼稚的。靠小说反党，是反不起来的。真正革命还是要靠枪杆子，文艺只是起一个宣传鼓动作用。姚文元的《评新编历史剧〈海瑞罢官〉》，说以海瑞影射彭德怀，实际上没有那回事，夸大了。

于：以前传统上的"文以载道"，我想这个"道"不是政治上的道，而是道德的道，作为一种社会品格的道，不是帝王将相的道。

季：现在我就想，社会科学到底是不是生产力，曲阜发表过那篇文章后再没见过别的文章。兴国要靠发展，就离不开文化教育，而现在教育的地位，有些可怜。听说现在复旦要规定教员三分之一上岗，工资也要提高。

于：应该是这样的，把钱集中在干活人身上，要不然越来越形成一盘散沙。

（第五天）

季：不能不允许为自己考虑，但是要有一个限度。一个人的政治觉悟可以改变，但一个人的本质变不了。我见过的人，品质坏的，从来没好过。比如以前反对共产党的，从来没拥护过共产党。我说的这是形而上学，但是现在还没有一个例子能扭转我的看法，没法解释。

于：季先生，我觉得您虽然是研究佛学的，但您并不信佛。

季：宗教我虽然不信仰，但我都尊敬。因为正儿八经的宗教，没有一个叫信徒做坏事的。海淀有个基督教堂，每次"受洗"都有很多人。

我遇到过一个退休老工人，不认字，没什么水平，他说他"受洗"了。我问你们牧师讲道，都讲什么东西，他说第一条听党的话，第二条政府的命令不能违背，全是不做坏事的，还真管用。有个人头一天卖东西"宰"了人，晚上听牧师讲道，第二天早晨就去向牧师忏悔。

于：它是用最浅显的道理来唤回人最起码的良知。

季：对。宗教我不相信，我是完全的唯物主义者。但是在宗教当中，我觉得佛教讲道理最透。它讲人是苦的，符合我理解的水平。我觉得它把病源看对了：人生是苦的，但是我觉得药方是不对的：涅槃。

涅槃就是到此为止，死了以后不能转生，这是从印度来的。印度人不愿意转生。说人做好事就转生成好人，做坏事就转生成坏人，中国人是希望转生的。

我写过一篇文章，说宗教是个人的事情，别人不要干预。

于：对，对人来讲，它是一种精神寄托。

于：季先生，您最近的研究项目是什么？

季：我最近在写学术回忆录，写得非常艰苦，要理清脉络，20多万字，要求年底交稿。

于：写完这个回忆录后，还有不少计划吧？

季：多得很。

（完）

季羡林先生大事记

（一）季羡林先生大事年表

1911年8月6日生于山东省清平县（现并入临清市）官庄一个贫农家庭。6岁以前，在清平随马景恭老师识字。

1917年（6岁）

离家去济南，投奔叔父。进私塾读书，读过《百家姓》《千字文》《三字经》及"四书"等。

1918年（7岁）

进济南山东省立第一师范学校附属小学。

1920年（9岁）

进济南新育小学读高小三年，利用业余时间开始学习英语，虽然只不过学了一点语法、一些单词而已，但给以后的求学打下了基础。

1923年（12岁）

小学毕业后，考取正谊中学。上学时不太用功，成绩徘徊在甲等后几名、乙等前几名之间，属于中上水平。但叔父对他的期望甚高，根据他的要求，课后又参加了一个古文学习班，读《左传》《战国策》《史记》等，晚上在尚实英文学社继续学习英文。

1926 年（15 岁）

初中毕业。

在正谊中学读过半年高中后，转入新成立的山东大学附设高中。一位桐城派的古文作家王昆玉先生教国文，王老师对季羡林影响极大。第一篇作文题目是《读〈徐文长传〉书后》。这篇作文受到他高度赞扬，批语是："亦简劲，亦畅达。"从此对古文产生了更加浓厚的兴趣，又自学《韩昌黎集》《柳宗元集》及欧阳修、三苏等文集；在此期间，开始学习德语。在山东大学附设高中读了两年。高中期间，6 次考试，考了 6 个甲等第一，成了"六连冠"。

1928—1929 年（17—18 岁）

日本侵华，占领济南，辍学一年。创作《文明人的公理》《医学士》《观剧》等短篇小说，署笔名希逋，在天津《益世报》上发表。

1929 年（18 岁）

转入新成立的山东省立济南高中，学习了一年，这在季羡林的一生中是一个重要的阶段。特别是国文方面，这里有几个全国闻名的作家：胡也频、董秋芳、夏莱蒂、董每戡等等。在写作方面，深得董秋芳先生赞赏，认为他同王联榜是"全校之冠"。季羡林此后 50 年来，笔耕不辍，与董老师的激励大有关系。

1930 年（19 岁）

翻译屠格涅夫的散文《老妇》《世界的末日》《老人》及《玫瑰

是多么美丽，多么新鲜啊！》等，先后在山东《国民新闻》《趵突周刊》和天津《益世报》上发表。高中毕业，同时考取清华大学和北京大学。后入清华大学西洋文学系，专修方向是德文。在所学课程中，受益最大者，一门是选修课：朱光潜先生的"文艺心理学"；另一门是旁听课：陈寅恪先生的"佛经翻译文学"。

在清华大学4年，除上必修课、选修课、旁听课外，课余还写了不少散文，翻译了史密斯（Smith）、杰克逊（H. Jockson）、马奎斯（D. Marquis）和薛德林（Holderlin）等外国作家的散文或诗。四年中发表散文10余篇，译文多篇。

学习期间，得到家乡父老的奖励——原清平县政府颁发的奖学金。

1934年（23岁）

清华大学西洋文学系毕业。毕业论文的题目是：The Early Poems of Hoelderlin。应母校山东省立济南高中校长宋还吾先生之邀，任母校国文教员。

1935年（24岁）

清华大学与德国签订了交换研究生的协定。报名应考，被录取。同年9月赴德国入哥廷根（Gottingen）大学。主修印度学。先后从师瓦尔德施米特（Waldschmidt）教授、西克（Sieg）教授，学习梵文、巴利文、吐火罗文。按德国大学学制，除主系外，同时需选修两个副系。因此还学习了俄文、南斯拉夫文、阿拉伯文等。继续散文写作。

1937 年（26 岁）

兼任哥廷根大学汉学系讲师。

1941 年（30 岁）

哥廷根大学毕业，获哲学博士学位。博士论文题目是：Die Konjugation desfiniten Verbums in den Gat has des Mahavstu。以后几年，继续用德文撰写数篇论文，在《哥廷根科学院院刊》等学术刊物上发表。

1945 年（34 岁）

与其他留学生一起离开德国去瑞士，在 Fribourg 住几个月，等待国民党政府安排回国。

1946 年（35 岁）

取道法国、越南、香港，回到上海。

受聘为北京大学教授兼东方语言文学系主任。系主任职任至 1983 年（"文革"期间除外）。

1951 年（40 岁）

参加中国文化代表团出访印度、缅甸。

译自德文的卡尔·马克思著《论印度》，由人民出版社出版。

1953 年（42 岁）

当选为北京市第一届人民代表大会代表。

1954 年（43 岁）

当选为中国人民政治协商会议第二届全国委员会委员。任中国文字改革委员会委员。

1955年（44岁）

作为中国代表团成员，前往印度新德里，参加"亚洲国家会议"。

赴德意志民主共和国，参加"国际东亚学术讨论会"。

译自德文的德国《安娜·西格斯短篇小说集》出版。

叔父在济南病故。

1956年（45岁）

当选为"中国亚洲团结委员会"委员。

任中国科学院哲学社会科学学部委员。

由贺剑城、黄宗鉴介绍光荣加入中国共产党，是北大教授中的第一批党员。

译自梵文的印度迦梨陀娑的著名剧本《沙恭达罗》中译本，由人民文学出版社出版。

1957年（46岁）

论文集《中印文化关系史论丛》，由人民出版社出版。《印度简史》，由湖北人民出版社出版。

1958年（47岁）

《1857—59年印度民族起义》，由人民出版社出版。作为中国作家代表团成员，参加在苏联塔什干举行的"亚非作家会议"。

1959年（48岁）

当选为第三届全国政协委员。应邀参加"缅甸研究会（相当于科学院）50周年纪念大会"。会上宣读了论文:《原始佛教的语言问题》。译自梵文的印度古代寓言故事集《五卷书》中译本,由人民文学出版社出版。

1960年(49岁)

北京大学东语系收第一批梵文巴利文专业学生。季羡林与金克木教授亲自为该班授课。

1962年(51岁)

应邀前往伊拉克参加"巴格达建城1800周年纪念大会"。会后去埃及、叙利亚等国参观。

当选为中国亚非学会理事兼副秘书长。

译自梵文的印度迦梨陀娑的剧本《优哩婆湿》中译本,由人民文学出版社出版。

季羡林的夫人和婶母从济南迁来北京。

1964年(53岁)

当选为中国亚洲非洲团结委员会委员。

参加中国教育代表团,前往埃及、阿尔及利亚等国参观访问。

新中国第一批梵巴专业学生,在季羡林与金克木教授的辛勤培育下,完成了5年的专业学习。

当选为第四届全国政协委员。

1966—1976年(55—65岁)

1968年,被打入"牛棚"。自1973年起,利用看门时间,着手偷译印度古代两大史诗之一——《罗摩衍那》,至1977年,终将这部18755颂,近80000行的鸿篇巨制基本译完。

1977年（66岁）

"文化大革命"结束。继续整理《罗摩衍那》译稿。

1978年（67岁）

当选为第五届全国政协委员。

大学复课，原担任的东方语文学系主任职同时恢复。

作为对外友协代表团成员，前往印度访问。

担任北京大学副校长和北京大学与中国社会科学院合办的南亚研究所所长。1985年，北大与社科院分别办所后，继续担任北京大学南亚东南亚研究所所长，至1989年底。

中国外国文学会成立，当选为副会长。

1979年（68岁）

受聘为中国大百科全书外国文学卷编委会副主任兼南亚编写组主编。

中国南亚学会成立，当选为会长。

专著《罗摩衍那初探》，由人民文学出版社出版。

1980年（69岁）

应日本友人室伏佑厚先生邀请赴日本参观并参加"印度学佛学会议"，结识了中村元教授和峰岛旭雄教授等众多的日本学术界杰出学者。

《罗摩衍那》（一），由人民文学出版社出版。

被推选为中国民族古文字学会名誉会长。

散文集《天竺心影》，由百花文艺出版社出版。

中国语言学会成立，当选为副会长。

通过中国作家协会参加国际笔会。

率领中国社会科学代表团赴西德参观访问。重返哥廷根，会见了85岁高龄的恩师瓦尔德施尔特教授。

应聘为西德哥廷根科学院《新疆吐鲁番出土佛典的梵文词典》顾问。

被任命为国务院学位委员会委员。

散文集《季羡林选集》，由香港文学研究社出版。

1981年（70岁）

散文集《朗润集》，由上海文艺出版社出版。

《罗摩衍那》（二），由人民文学出版社出版。

中国外语教学研究会成立，当选为会长。

1982年（71岁）

论文集《印度古代语言论集》，由中国社会科学出版社出版。

《中印文化关系史论文集》，由生活·读书·新知三联书店出版。

《罗摩衍那》（三）（四），由人民文学出版社出版。

1983年（72岁）

获北京市教育系统先进工作者称号。

当选为第六届全国人民代表大会代表，同年被选为六届人大常委。

在中国语言学会第二届年会上，当选为会长。

参加中国敦煌吐鲁番学会筹备组工作。学会成立，当选为会长。

《罗摩衍那》（五），由人民文学出版社出版。

1984年（73岁）

任北京大学校务委员会副主任。

受聘为中国大百科全书语言编辑委员会主任、委员。

当选为中国史学会常务理事。

中国教育国际交流协会成立，当选为副会长。

中国高等教育学会成立，当选为副会长。

《罗摩衍那》（六）（七），由人民文学出版社出版。

1985年（74岁）

论文集《原始佛教的语言问题》，由中国社会科学出版社出版。

主持编纂的《大唐西域记校注》，由中华书局出版。为该书撰写了近10万字的《玄奘与〈大唐西域记〉》——《大唐西域记校注》前言。

参加在印度新德里举行的"印度与世界文学国际讨论会"和"蚁垤国际诗歌节"，被大会指定为印度和亚洲文学（中国和日本）分会主席。回国途经香港，应香港中文大学邀请，在该校做题为"印度文学在中国"的讲演。

组织翻译、亲自校译的《大唐西域记今译》，由陕西人民出版社出版。

作为第十六届国际历史科学大会中国代表团顾问，随团赴德意志联邦共和国斯图加特,参加"第十六届世界史学家大会",提交论文《商人与佛教》。

当选为中国作家协会第四届理事会理事。

参加中国比较文学学会筹备工作。在 10 月召开的中国比较文学学会成立大会上,被推举为名誉会长。

译自英文的印度作家梅特丽耶·黛维的《家庭中的泰戈尔》中译本,由漓江出版社出版。

1986 年(75 岁)

中国亚非学会第二届代表会议在京开幕。代表领导小组主持会议并讲话,会后当选为中国亚非学会副会长。

应聘为中国文化书院导师。

北京大学校庆日,北京大学东语系举行了"季羡林教授执教 40 周年"庆祝活动。

《印度古代语言论集》和论文《新博本吐火罗语 A(焉耆语)〈弥勒会见记剧本〉1.31/21.31/11.91/11.91/2 四面译释》,同时获 1986 年度北京大学首届科学研究成果奖。

应中村元先生、室伏佑厚先生邀请访问日本,与中村元先生会谈成立"国际文化交流中心"问题。其间,应早稻田大学邀请,作题为"东洋人之心"的讲演;又应约在日本经济界、学术界人士的集会上演讲,讲题为"经济与文化"。

率领中国教育国际交流协会访日赠书代表团回访日本。

参加以班禅额尔德尼·确吉坚赞为团长的中国全国人大常委会

代表团访问尼泊尔，参加"世界佛教联谊会第十五届大会"。应邀在尼泊尔特里普文大学作题为"中国的南亚研究——中国史籍中的尼泊尔史料"的学术报告。

受聘为冰岛大学《吐火罗文与印欧语系研究》顾问。

《季羡林散文集》，由北京大学出版社出版。

1987年（76岁）

应邀参加在香港中文大学举行的"国际敦煌吐鲁番学术讨论会"。会上提交论文《吐火罗文A（焉耆语）〈弥勒会见记剧本〉新博本76YQl.2和1.4两张（四页）译释》。

主编《东方文学作品选》（上、下），获中国图书评论编委会颁发的1986年中国图书奖。

《大唐西域记校注》及《大唐西域记今译》，获陆文星、韩素音中印友谊奖。

《原始佛教的语言问题》，获北京市哲学社会科学和政策研究优秀成果荣誉奖。

1988年（77岁）

论文《佛教开创时期一场被歪曲被遗忘了的"路线斗争"——提婆达多问题》，获北京大学科学研究成果奖。

任中国文化书院院务委员会主席。

受聘为中华人民共和国文化部"中国文学翻译奖"评委会委员。

受聘为江西人民出版社"东方文化"丛书主编。

应邀赴香港中文大学讲学。讲题为：一、吐火罗文剧本与中国戏剧之关系；二、从大乘佛教之起源看宗教发展规律。

1989 年（78 岁）

获中国民间文艺家协会"从事民间文艺工作 30 年"荣誉证书。

受聘为重庆出版社《语言·社会·文化》丛书编委会顾问。

国家语言工作委员会授予"从事语言文字工作 30 年"荣誉证书。

1990 年（79 岁）

任北京大学校务委员会名誉副主任。

论文集《佛教与中印文化交流》，由江西人民出版社出版。

《中印文化关系史论文集》，获中国比较文学会与《读书》编辑部联合举办的全国首届比较文学图书评奖活动"著作荣誉奖"。

受聘为"神州文化集成"丛书主编。

受聘为河北美术出版社大型知识书卷"画说世界五千年"丛书编委会顾问。

当选为中国亚非学会第三届会长。

受聘为香港佛教法住学会《法言》双月刊编辑顾问。

1991 年（80 岁）

《季羡林学术论著自选集》，由北京师范学院出版社出版。

《中印文化交流史》，由新华出版社出版。

1992 年（81 岁）

任第一届国家图书奖文学组评委会主任。

译著《罗摩衍那》获国家图书奖。

《留德十年》，由东方出版社出版。

《季羡林小品》,由中国人民大学出版社出版。

1993年(82岁)

任首届国家图书奖专家评委会主任。

《敦煌吐鲁番吐火罗语研究导论》,由台北新文丰出版公司出版。

1994年(83岁)

《季羡林论印度文化》,由中国华侨出版社出版。

1995年(84岁)

任第二届国家图书奖评委会主任。

《季羡林散文选集》,由百花文艺出版社出版。

1996年(85岁)

《怀旧集》,由北京大学出版社出版。

《人生絮语》,由浙江人民出版社出版。

《季羡林自传》,由江苏文艺出版社出版。

《季羡林文集》,由江西教育出版社出版。

1997年(86岁)

任第三届国家图书奖评委会主任。

《东方文学史》,获第三届国家图书奖提名奖。

《糖史》(一、二),由经济日报出版社出版。

1998年(87岁)

《牛棚杂忆》,由中共中央党校出版社出版。

《东方宏儒——季羡林传》,由花城出版社出版。

1999年(88岁)

《季羡林散文全编》（一至六），由中国国际广播出版社出版。

2000年（89岁）

《学海泛槎——季羡林自述》，由山西人民出版社出版。

2001年（90岁）

《千禧文存》，由新世界出版社出版。

2002年（91岁）

《季羡林文丛》（四卷），由沈阳出版社出版。

2003—2009年（92—98岁）

入住北京301医院。住院期间，党和国家领导人温家宝、陈至立多次到医院看望。住院治疗期间，完成了《季羡林谈人生》《季羡林谈读书治学》《季羡林谈写作》《季羡林谈佛教》《真话能走多远》《病榻杂记》等多部著作。

2009年（98岁）

7月11日上午8时50分，在301医院病逝，享年98岁。

（二）季羡林先生主要著作和有关传记书目（1957—2017年）

论著：

《中印文化关系史论丛》，人民出版社，1957年5月

《印度简史》，湖北人民出版社，1957年5月

《1857—59年印度民族起义》，人民出版社，1958年3月

《罗摩衍那初探》，外国文学出版社，1979年9月

《天竺心影》，百花文艺出版社，1980年9月

《季羡林选集》，香港文学研究社，1980 年 12 月

《朗润集》，上海文艺出版社，1981 年 3 月

《印度古代语言论集》，中国社会科学出版社，1982 年 4 月

《中印文化关系史论文集》，生活·读书·新知三联书店，1982 年 5 月

《原始佛教的语言问题》，中国社会科学出版社，1985 年 1 月

《大唐西域记校注》，中华书局，1985 年 2 月

《季羡林散文集》，北京大学出版社，1986 年 12 月

《佛教与中印文化交流》，江西人民出版社，1990 年 6 月

《季羡林学术论著自选集》，北京师范学院出版社，1991 年 5 月

《比较文学与民间文学》，北京大学出版社，1991 年 7 月

《季羡林序跋选》，四川人民出版社，1991 年 7 月

《万泉集》，中国文联出版公司，1991 年 8 月

《中印文化交流史》，新华出版社，1991 年 12 月

《季羡林小品》，中国人民大学出版社，1992 年 9 月

《留德十年》，东方出版社，1992 年 12 月

《敦煌吐鲁番吐火罗语研究导论》，台北新文丰出版公司，1993 年 1 月

《留德回忆集》（即《留德十年》），香港中华书局，1993 年 4 月

《季羡林论印度文化》，中国华侨出版社，1994 年 10 月

《季羡林散文选集》，百花文艺出版社，1995年2月
《季羡林佛教学术论文集》，台北东初出版社，1995年4月
《怀旧集》（散文集），北京大学出版社，1996年4月
《人生絮语》，浙江人民出版社，1996年4月
《季羡林文集》，江西教育出版社，1996年12月
《季羡林自传》，江苏文艺出版社，1996年7月
《牛棚杂忆》，中共中央党校出版社，1998年4月
《东方宏儒——季羡林传》，花城出版社，1998年5月
《中国文化名人书系·谈读书》，大众文艺出版社，2000年5月
《学海泛槎——季羡林自述》，山西人民出版社，2000年1月
《千禧文存》，新世界出版社，2001年5月
《季羡林与名人》，群众出版社，2001年1月
《耄耋新作》，沈阳出版社，2002年2月
《季羡林先生》，作家出版社，2003年9月
《真话能走多远》，新星出版社，2008年5月
《清华园日记》，外语教学与研究出版社，2009年12月
《季羡林全集》，外语教学与研究出版社，2010年4月
《病榻杂记》，武汉出版社，2011年8月
《季羡林百岁人生笔记》，龙门书局，2011年6月
《季羡林自传》，武汉出版社，2011年8月
《季门立雪》，青岛出版社，2014年4月

《华梵共尊——季羡林和他的家人弟子》,广东教育出版社,2010年4月

《我和父亲季羡林》,鹭江出版社,2016年6月

《东西方文化沉思录》,中国财政经济出版社,2017年11月

译作:

《论印度》,[德]卡尔·马克思著,季羡林、曹葆华译,人民出版社,1951年12月

《安娜·西格斯短篇小说集》,季羡林等译,作家出版社,1955年7月

《沙恭达罗》,[印]迦梨陀娑著,人民文学出版社,1962年12月

《五卷书》,人民文学出版社,1959年10月

《优哩婆湿》,[印]迦梨陀娑著,人民文学出版社,1962年12月

《罗摩衍那》(一)至(七),人民文学出版社,1980年7月至1984年6月

《大唐西域记今译》,季羡林等译,陕西人民出版社,1985年4月

《家庭中的泰戈尔》,[印]梅特丽耶·黛维著,漓江出版社,1985年11月

《〈罗摩衍那〉选》,人民文学出版社,1994年11月

《中国翻译名家自选集·季羡林卷〈沙恭达罗〉》,中国工人出版社,1995年8月

参考书目

《留德十年》,东方出版社,1992年12月

《季羡林全集》,外语教学与研究出版社,2010年4月

《季羡林先生》,作家出版社,2003年9月

《真话能走多远》,新星出版社,2008年5月

《牛棚杂忆》,中共中央党校出版社,2005年1月

《中国文化名人书系·谈读书》,大众文艺出版社,2000年5月

《季羡林与名人》,群众出版社,2001年1月

《清华园日记》,外语教学与研究出版社,2009年12月

《病榻杂记》,武汉出版社,2011年8月

《季羡林百岁人生笔记》,龙门书局,2011年6月

《季羡林自传》,武汉出版社,2011年8月

《真话能走多远》,新星出版社,2012年11月第3版

《季羡林自传》(最新修订图文典藏版),武汉出版社,2014年4月

《季门立雪》，青岛出版社，2014年4月

《华梵共尊——季羡林和他的家人弟子》，广东教育出版社，2010年4月

《我和父亲季羡林》，鹭江出版社，2016年6月

《东西方文化沉思录》，中国财政经济出版社，2017年11月

后记

季先生仙逝已经 10 年了。

这本传记从 1998 年写完到二次修订也已经 20 年了。

因为工作关系,从 1991 年开始与季先生有联系,每年都要去季羡林先生家多次,每隔两年便与季先生一起参加全国图书奖评奖活动,季先生是专家组主任,我是工作人员,季先生的联络员。这种关系一直延续着多年,直到季先生去世的前一年。

从一开始要写季先生的传记时,我就得到了季先生本人的支持。最初写这本传记的时候,坊间还没有一本关于季先生的传记,唯一的资料来源就是季先生自己的文字,还有我对季先生采访的第一手资料。幸运的是季先生满足我的一切要求,可以随时去他那里进行采访,只是我要上班,完全是利用业余时间和与季先生在一起工作的时间进行写作。写作进行得很慢。

由于个人的学术低浅,也由于对季先生高山仰止般的崇敬,第一本传记写得简略,但季先生还是认可的。毕竟是第一本。正如埃德加·斯诺在《红星照耀中国》的前言中所写的:"这不是我写的纪实,而是中国共产党和红军用自己的事迹书写的。"可以说,这本《季羡林传》也并不是我一个人写出来的,我只是把季先生自己的经历和学术成绩记录了下来,传记应该也必须是季先生自己写的。基于这个原由,我在《季羡林传》两次修订的时候也基本保持了原貌,毕竟,这里记录的都是季先生一生最真实的写照,至于季先生情感深处的东西,能感知到,但不易表达出。

这部传记最初写完并出版是在1998年。那时的季先生学者的身份更突出。后来,尤其是从季先生住进301医院后,季先生的社会声誉鹊起,一时间,大师的桂冠有很多,走近他的人也越来越多。尤其是党和国家领导人看望他以后,被安排与季先生见面也显然是一种特殊待遇了。由于想要了解季先生的人很多,我的领导从出版社要了几百本《季羡林传》,分送给了医院的医生和护士,拿到书才知道是我写的,这从另一方面说明季先生也是认可这本通俗易懂的传记的。

与季先生相处久了,近20年的近距离接触,从单纯的崇敬到亲情般的敬爱,从仰视到亲近,使我对季先生有了一种比对伟大学者更进一层的亲切感。以至于他在住院的一段较长时间里,我每次去都像家人一样,给他带专门从山东买来的他爱吃的山东特产。每年春节他都会嘱咐秘书,专门约我和家人去医院,并嘱咐一定要带上我的女儿,他称之为小公主。每次他都把别人从香港送给他的糕点给我女儿留着,他也最爱吃我给带去的山东酥锅。在某种程度上,季先生是我们的长辈,我们也让女儿称他为"太爷爷"。

  季先生去世的那段日子,我多次在梦中见到他。季先生在医院的时候,我的同事们也是多次在梦中见到他,每次梦到他我们都会相约一起去看望老爷子,可见季先生与我们这些工作人员的感情是多么深厚,他对我们太亲切了。季先生去世时,在北大的季羡林追思会的告别礼堂里,我排在徐徐前行的队伍中,与季先生交往的一幕幕都浮现在眼前。我们在评国家图书奖的时候喜欢在晚上到他的房间听他讲笑话,在大家聚餐的时候喜欢与他一起碰杯喝啤酒,与他一起散步的时候听他讲古,季先生是我们大家的季先生,他是一个大家都尊敬的老人,一个大家都喜欢的老人,一个为了公众的需要而深藏了自己的老人。我知道季先生是寂寞的,孤独的,尽管在生命的最后几年门庭若市;但他同时也是善意的,旷达的,他并不喜欢热闹,也深知自己已经被社会的声誉架起来了,他曾经在病榻上专门著文,对自己近乎剖析地做了分析,季先生对自己在荣誉上所受到的极大的推崇更是淡而视之。他写道:"我在上面曾经说到,名利之心,人皆有之,我这样一个平凡的人,有了点儿名,感到高兴,是人之常情。我只想说一句,我确实没有为了出名而去钻营。我经常说,我少无大志,中无大志,老也无大志。这都是实情,能够有点小名小利自己也就满足了。可是现在的情况却不是这样子。已经有了几本传记,听说还有人正在写作。至于单篇的文章数量更大。其中说的当然都是好话,当然免不了大量溢美之词。别人写的传记和文章,我基本上都不看。我感谢作者,他们都是一片好心。

我经常说，我没有那样好，那是对我的鞭策和鼓励。"

出于此种认识，季羡林先生郑重地说："我现在借这个机会廓清与我有关的几个问题。"他掷地有声地提出"辞'国学大师'""辞'学界（术）'泰斗""辞'国宝'"。

季先生的一生有自己的理想、成就，也有遗憾。我的眼前经常浮现出的是老人沉默但又若有所思的面孔。他一定有内心深处的精神需求，一定有他理想境界里的情感寄托，但这一切都随着他的岁月流逝了，带走了。在徐徐向前的追思的队伍里，我在心里感叹着，季先生被这么多学子爱戴着，被国人敬仰着，但真正能读懂他的又有几人？也许，在这个世界上，真正知道自己的，也只有季先生自己本人。我在季先生遗像前深深地鞠躬，愿天堂里季先生能开怀。

我仍旧不对《季羡林传》做大的改动。也是尊重季先生的意见，毕竟，这本传记是他自己看过的，并认可的。是他替我分散给他的亲友的。尽管之后季先生又有了近十年的繁华，但还是那一句话，这不是我写的传记，是季先生用他一生的成就和努力写就的。

第三次修订于2018年6月16日